DOCTRINA

PARA

TODAS

*El conocimiento de Dios que
todas necesitamos*

DOCTRINA

PARA

TODAS

El conocimiento de Dios que
todas necesitamos

Jeanine Martínez

ESPAÑOL
NASHVILLE, TN

Doctrina para todas: El conocimiento de Dios que todas necesitamos

Copyright © 2022 por Jeanine Martínez
Todos los derechos reservados.
Derechos internacionales registrados.

B&H Publishing Group
Nashville, TN 37234

Diseño de portada: Spencer Fuller, FaceOut Studios. Imagen de CSA Images / Getty Images

Director editorial: Giancarlo Montemayor
Editor de proyectos: Joel Rosario
Coordinadora de proyectos: Cristina O'Shee

Clasificación Decimal Dewey: 248.843
Clasifíquese: MUJERES / DOCTRINA TEOLÓGICA / DISCIPULADO

ISBN: 978-1-0877-3413-2

Impreso en EE. UU.
1 2 3 4 5 * 25 24 23 22

Contenido

Agradecimiento:

A mi amado Alex, he conocido en ti a un hombre conforme al corazón de Dios, incluso cuando nadie te ve. Me amas como Cristo te encomendó y no dejas de sorprenderme.

A mis padres, «gracias» nunca bastará. Los amo.

Jhonnatan, Jasson, Naomi, Isabella, Theo y Lúa: cuánto gozo traen a mi corazón, que nuestro Dios sea su todo por el resto de sus días.

A mi pastor Miguel Núñez, por apuntarme a la Palabra para amar a Cristo con toda mi vida.

Angie y Beislyn: Dios sabe.

A mis pastores de Iglesia Reforma, gracias por pastorearme y guiarme como oveja de Cristo de manera tan real y sincera.

A mis chicos.

A todo el equipo de Lifeway, todavía no deja de sorprenderme la gracia, confianza y honor que me han mostrado. Giancarlo Montemayor, gracias por tu confianza. Wendy, César y todo el equipo.

Majo Rivera, amiga, qué gozo conocer la Palabra.

A Instituto Reforma, cada día aprendo sirviéndoles. Gracias.

Betsabé Arcos, tu ayuda en la transcripciones fue invaluable. A la IBI, mi familia que ha sostenido mi soga por 12 años. A Emanuel Elizondo y el equipo de edición, ¡gracias!

Introducción

Teología y doctrina ¿para todas?

Este libro es mi intento de «traducción» de las doctrinas que hemos recibido en la iglesia, lo que creemos acerca de Dios y de nuestra relación con Él. Por muchos años he servido como traductora e intérprete. Desde la adolescencia empecé a enseñar inglés a niños, a pequeños grupos de adolescentes, y también a niños de la calle, a quienes invitaba a pasar a mi casa, pues me apasionaba ver a otros aprender algo y entenderlo. Ha sido una pasión que ha tomado distintas formas en cada etapa de mi vida.

Además, en mi adolescencia inicié mi servicio como intérprete, donde hacía traducciones simultáneas (sin pausas entre el orador y el traductor). El reto y la cantidad de energía necesaria era impresionante. Pero el gusto de un trabajo bien hecho, donde la traducción permaneció fiel y los oyentes entendieron el mensaje, era satisfactorio. Mi propósito con este libro es «traducir» las doctrinas a un lenguaje que todas entendamos.

Mi deseo es ser fiel a lo mucho que ya se ha trabajado en el campo de la teología sistemática (el estudio de Dios agrupado en temas o «sistemas»). A la vez, anhelo hacerlo accesible y entendible a mis hermanas en Latinoamérica, agrupando los principios teológicos y siendo nuestro gran Dios el objeto de estudio. Por eso, cn ocasiones utilizaré ejemplos muy latinos (¿alguien dijo chancletas y telenovelas?), mientras que en otras estarán relacionados a los 38 años de vida cristiana que me preceden.

Hay personas que han dedicado años de su vida a escribir libros de temas específicos, como la providencia de Dios, los atributos de Dios, el Espíritu Santo, la salvación, los ángeles y demonios, y el listado continúa. Pero también estamos algunas de nosotras, quienes hemos formado creencias en nuestra vida cristiana sin que nos las enseñaran. Algunas enseñanzas tal vez las hemos malinterpretado y, como consecuencia, las hemos aplicado mal.

Suelo encontrarme con creyentes con más años en el cristianismo que yo, que con vergüenza confiesan que nunca han leído la Biblia completa o no han entendido sus principales enseñanzas. Otros nos hemos cuestionado acerca de estas cosas y hemos confiado en la respuesta breve de algún líder en la iglesia, sin saber cómo profundizar por nuestra cuenta en la Escritura. Nuestras creencias muchas veces provienen de citas abreviadas y clichés que hemos escuchado, más que de un estudio personal y cuidadoso de la Biblia. Sin mencionar que tampoco sabemos lo que la Iglesia ha creído por 2000 años acerca de estas doctrinas.

Las consecuencias de esto son serias. Por un lado, nuestra generación tiende a saber un poco de todo, pero carece de profundidad y reflexión. Por otro lado, no conocemos otras creencias aceptables y proponemos nuestra interpretación como la única válida, acusando a otros de herejes en cosas que no son herejías y separándonos de nuestros hermanos en la fe. Por ejemplo, temas como la predestinación han sido causa de división. La mayoría defiende estos temas sin entender de dónde parten las distintas creencias, bíblica e históricamente. Trataremos más este punto en el capítulo de la soteriología (el estudio de la salvación). ¡Necesitamos cambiar y profundizar en nuestra fe! Es mucho lo que se encuentra en juego.

Otro aspecto a considerar es que muchos de nuestros líderes en Latinoamérica fueron formados por la experiencia y no fueron instruidos teológicamente. La falta de institutos teológicos con metodología adaptada a nuestro contexto, la necesidad de materiales originales en español y pensar que no es necesario el entrenamiento para el ministerio, entre otros factores, han aportado a las causas de este problema. Si tengo un serio problema de salud, no buscaré a la señora que me da té en la oficina. Buscaré al médico con buenas referencias, años de estudio y práctica. Por su falta de preparación, muchos líderes, aun con buenas intenciones, nos han dado solo un «té» cuando los buscamos para profundizar en nuestro entendimiento bíblico. Entonces, nos conformamos con esta instrucción y no conocemos más de la Escritura.

Mi abuelita decía: «Un buen médico nunca deja de estudiar». Esa es la idea bíblica del término «discípulo». Un discípulo de Cristo es un estudiante de Su persona, de Sus enseñanzas, de Su vida, que lleva todo ese conocimiento a la aplicación, a imitar el ejemplo de Cristo. En ese sentido, todos los creyentes, y no solo los líderes de las iglesias, deberíamos buscar ser «doctores» en el estudio de la Palabra, pues todo lo que la Biblia nos enseña acerca de Dios es necesario para vivir una vida cristiana más profunda y arraigada en Cristo.

He visto mucho, he escuchado mucho, he caminado mucho, y todavía no araño la superficie de lo que hay por conocer, de manera tal que pueda vivir una vida más profunda con un mayor asombro de Dios. Y este es mi deseo para ustedes, porque eso es la teología: estudiar a Dios para conocer a Dios. Solo a través de ese proceso de estudio se cumplirá nuestro propósito: amar más a Dios a través de la obediencia a Él. El conocimiento te lleva al amor, y el amor a Dios te lleva a la obediencia.

Desde niña tenía muchas preguntas sobre este ser tan maravilloso que me presentaron. Pero siempre me enseñaron, sin mala intención, que tuviera cuidado porque si estudiaba mucho de Dios, mucha teología, mi conocimiento me envanecería (1 Cor. 8:1). Con el tiempo entendí que no debemos aplicar un versículo sacándolo de su contexto, como lo hicieron conmigo en el pasado. Interpretado correctamente, este versículo dice que hay un tipo de conocimiento que el creyente está llamado a tener: el que te lleva a reconocer que aún necesitas aprender y que te lleva a amar más a Dios. Por tanto, esta es una advertencia en contra de adquirir un mal conocimiento, de caer en la ignorancia o de ser un legalista que solo conoce pero no practica el amor de Dios.

Para estudiar teología, debemos tener claras algunas premisas desde el principio:

1. Biblia y teología no son lo mismo. La Biblia es la revelación de Dios, Su Palabra comunicada. La teología es el estudio de la Biblia y las conclusiones que formamos acerca de Dios a través de dicho estudio. La Biblia es inerrante, jamás se equivoca en ninguno de los aspectos o temas que aborda. Nuestra teología puede ser correcta o incorrecta, dependiendo de si interpretamos adecuadamente el texto bíblico.

2. Dios es el autor de la Biblia. La Palabra de Dios no es simplemente alguien que escribe sobre Dios. Cuando se escribió la Biblia, Dios escogió las palabras, los temas, las formas de comunicación, los idiomas, los tiempos, las culturas y los espacios geográficos que Él consideró óptimos para decir: «Este soy yo. ¡Adórenme! ¡Sírvanme!». No es solo un listado de historias épicas acerca de Dios. La Biblia es la Palabra de Dios, que revela las verdades de Dios sin contradicción y con claridad para nuestra obediencia. Veremos más acerca de esto en el capítulo de bibliología.

3. La meta es amar a Dios. Hay muchos teólogos ateos. Muchos de ellos, sorprendentemente, perdieron su fe después de estudiar teología. Creo que entre las varias razones que los llevan a esto está estudiar a Dios con una meta incorrecta. Si la meta desde el inicio es refutar a otros o simplemente responder su propia curiosidad, entran con una actitud que busca que Dios se defienda ante nosotros. Aclaro: las dudas no son un problema para Dios, el orgullo y la irreverencia sí lo son. Estas actitudes afectarán nuestro estudio e impedirán la transformación de nuestra vida.

Este libro no es un compendio detallado de teología sistemática, aunque cada capítulo sí fue desarrollado alrededor de algún tema o «sistema». Este libro es una introducción a los temas de la vida cristiana que todo creyente debe saber, entender y manejar con precisión (2 Tim. 2:15). Mi objetivo es definir los conceptos y las posiciones básicas de la ortodoxia evangélica, y examinar algunos conceptos o aplicaciones comunes en Latinoamérica que deben ser corregidas o estudiadas en mayor profundidad.

Las situaciones revelan nuestra verdadera teología, pues de la abundancia del corazón habla la boca (Luc. 6:45). Podemos declarar una teología con nuestros labios muy distante a la que creemos en lo profundo de nuestro corazón. Las circunstancias difíciles, el sufrimiento, las presiones, las pruebas, revelan lo que creemos. Podemos pensar y decir que creemos algo y, cuando perdemos el trabajo, cuando nos negamos a cambiar, cuando no oímos el consejo, cuando sentimos envidia, orgullo y resentimiento, nuestra teología verdadera sale a flote. El corazón humano es profundamente engañoso. Cuando nos damos cuenta de esto, podemos comparar nuestras creencias engañosas con la verdad de Dios. Solo el verdadero conocimiento de Dios conduce al cambio.

Creer algo externamente no es suficiente. Los demonios creen y tiemblan (Sant. 2:19). Jacobo, el escritor de Santiago, como hermano de Jesús y quien en principio no creyó en Él, lo reconoce muy bien. Él también fue testigo de muchos que siguieron a Cristo por los beneficios que podría darles, pero que no eran verdaderos discípulos. Creían en los milagros, en lo que veían y aun en lo que Él decía, pero a la hora de la verdad muchos no permanecieron con Él y dejaron de seguirle.

Conocer a Dios debe verse como una vida coherente entre lo que se dice creer y la manera de vivir. La fe del creyente se ve en sometimiento al señorío y la autoridad de Dios. Este sometimiento cree e imita a quien Dios dice ser y lo que Él hace o nos manda a hacer en reflejo de Su carácter. Los demonios creen en Dios porque no pueden negarlo (Sant. 2:19). Pero no se someten a Su gobierno. Y muchas veces los seres humanos seguimos el mismo patrón. Si nos preguntamos y analizamos por qué hacemos lo que hacemos nos daremos cuenta de que hay una creencia real que difiere de la verdad de Dios, y basados en esa creencia actuamos.

Mi propósito al escribir este libro no es responder a todas las preguntas de teología sistemática o a todos los asuntos doctrinales desde una perspectiva personal. El propósito tampoco es refutar corrientes teológicas. Mi propósito es traer conciencia de la importancia de hacernos preguntas y proveer dirección sobre dónde y cómo, partiendo de la Biblia, podemos llegar a conclusiones teológicas. Por eso, ante todo, examinaremos la Biblia y también la historia de la teología; es decir, lo que la Iglesia ha creído por siglos, pues impacta directamente en lo que creemos hoy. Esto nos dará una conciencia clara de por qué creemos lo que creemos y cómo podemos llegar a nuestras propias conclusiones. Al final de cada capítulo encontrarás referencias adicionales sugeridas para el estudio personal.

Una teología correcta es aquella que se hace preguntas. ¿Qué creo sobre Dios? ¿Por qué creo esto? La experiencia es importante. Pero nuestra experiencia generalmente es interpretada a través de un lente que tenemos puesto: puede tener colores, aumento o reducción, y eso afectará cómo la entendemos. Por tanto, algo tan importante y vital como lo es nuestro concepto de Dios, y todo lo que se desprende de este concepto, no puede ser alimentado meramente por nuestra experiencia.

Nuestra fe necesita estar informada, ser evaluada y mantenerse examinada por la verdad absoluta de la Palabra de Dios y no de nuestras experiencias, ni de las experiencias de un líder eclesiástico bien intencionado, del cual no sabemos de dónde sacó sus creencias.

No juguemos al teléfono descompuesto con nuestra fe. Jesús prometió que conoceríamos la verdad y que esta nos haría libres. Esa verdad se encuentra en la Biblia, no en la experiencia. Lamentablemente, la mayoría de los líderes de iglesias han tenido poco o ningún entrenamiento teológico. Se estima que, a nivel mundial, el 85 % de los líderes eclesiásticos nunca ha leído la Biblia completa o no ha tenido entrenamiento teológico. Otros padecen de lo opuesto: mucho entrenamiento teológico, pero poco tiempo con Dios y las personas. Sus afectos no están alineados con la Palabra. No es lo mismo estudiar y hablar acerca de Dios, que estar con Él, sometidos y obedientes a Sus mandamientos, junto con el cuerpo de Cristo.

Pero esto también debería llamarnos la atención a nosotras. La Palabra nos exhorta a no gloriarnos en nuestra sabiduría ni en nuestro poder, sino a entender y conocer a Dios (Jer. 9:23-24). *Doctrina para todas* busca llevarnos al conocimiento de Dios que todas necesitamos para ser transformadas. Mi deseo es que el meditar en cada una de estas doctrinas pueda apuntarnos a la grandeza y el amor de Dios, para vislumbrar cuán inmerecido es todo lo que recibimos de Él. Es un reto conocer a Dios y que ese conocimiento mientras más profundo sea nos lleve a que seamos «capaces de comprender con todos los santos cuál es la anchura, la longitud, la altura y la profundidad, y de conocer el amor de Cristo que sobrepasa el conocimiento, para que [seamos llenas] hasta la medida de toda la plenitud de Dios» (Ef. 3:18-19).

¿Por qué aprender y estudiar las doctrinas que creemos?

Cuando el pueblo de Israel estuvo a punto de entrar a la tierra prometida, recibió los cinco primeros libros de la Biblia (el Pentateuco). El primero de ellos, Génesis, nos muestra los orígenes del ser humano. Sin embargo, este libro empieza con Dios. Dios es el primer maestro que tuvieron Adán y Eva, a quienes instruyó al revelarles 1) quién es Él, 2) quiénes eran ellos, 3) cuál era su propósito, y 4) cuál era su deber. Dios es un Dios que instruye. Él no deja que Su voluntad sea interpretada según nuestro sentido común, sino que, por ejemplo, Dios le ordena a Moisés: «Entonces enséñales los estatutos y las leyes, y hazles saber el camino en que deben andar y la obra que han de realizar» (Ex. 18:20).

Todo lo que estudiaremos en este libro alguien lo ha pensado o lo ha dicho antes. De los temas y subtemas incluidos, existe un sinnúmero de libros escritos a través de la historia de la Iglesia. Cuando se habla de doctrina, nunca se busca innovar, sino que se busca profundidad, verdad y aplicación. Tal vez será la primera vez que escuches algunas de estas definiciones. He visto variaciones de estas creencias y prácticas en Latinoamérica y en otras partes del mundo. Esto refleja un anhelo constante del cristiano en profundizar en Su Palabra, el único fundamento inamovible de su fe. Para aquellos cristianos, el mensaje es claro: necesitamos revisar continuamente lo que creemos, cuestionarnos por qué lo creemos, por qué hacemos lo que hacemos, y cómo lo hacemos. Esto también se aplica al caminar cristiano, el discipulado, el carácter, las prácticas, la iglesia y las creencias que, aunque las conozcamos, no las llamemos doctrinas.

Originalmente, intenté cubrir demasiados temas en este libro. A medida que los objetivos se han ido afinando, he pensado en los tres más importantes que quiero lograr:

- ¿Qué dice la Biblia acerca de este tema de fe?
- ¿Por qué necesito esta doctrina? ¿Qué implicaciones tiene para mi vida cristiana y para mi discipulado con otras mujeres? ¿Cómo puedo explicarla a otras?
- ¿Cómo afecta esta doctrina mi vida como latinoamericana?

Mi oración ferviente es que tu mente y tus afectos sean movidos a la profundidad de la Palabra y el conocimiento de nuestro

Dios y Rey, de tal forma que nuestras vidas (incluyendo la mía) sean robustas, firmes y seguras en quien hemos creído, en el Autor y Consumador de nuestra fe. ¿Por qué? Porque toda doctrina cristiana, entendida correcta y bíblicamente, tiene a Cristo en el centro. En consecuencia, esto nos conduce a vivir de igual manera: correcta y bíblicamente. Esto lo expresa el apóstol Pedro en su segunda epístola:

> Vosotros también, poniendo toda diligencia por esto mismo, añadid a vuestra fe virtud; *a la virtud, conocimiento*; al conocimiento, dominio propio; al dominio propio, paciencia; a la paciencia, piedad; a la piedad, afecto fraternal; y al afecto fraternal, amor. Porque si estas cosas están en vosotros, *y abundan*, no os dejarán estar ociosos ni sin fruto en cuanto al conocimiento de nuestro Señor Jesucristo (2 Ped. 1:5-11, RVR1960, énfasis agregado).

Finalmente, buscamos que cada mujer medite y pueda responder estas preguntas en sus propias palabras, partiendo de la Biblia: ¿Por qué creo lo que creo acerca de estos temas? ¿Cómo me cambia, transforma y me hace madurar en amor a Dios y fe esta verdad? Este libro puede usarse de manera individual. Pero creo que puede ser de mucho mayor provecho si nos reunimos con otras creyentes, bajo la autoridad de la Palabra y la iluminación del Espíritu Santo que habita en cada creyente, para que al final abracemos el entendimiento de nuestro Dios y que ese conocimiento nos lleve a amarlo con toda nuestra mente, alma y fuerzas (Mat. 22:36-37).

Capítulo 1

Teología

¿Quién soy?

Esa es una de las preguntas cruciales que nos hacemos en la vida. La identidad es uno de los temas más solicitados para conferencias y enseñanzas a mujeres y jóvenes en nuestro contexto. La industria de la autoayuda y contenido motivacional genera una alta demanda de *influencers* y oradores de carisma. También vemos algunos líderes religiosos cuyo mensaje motivacional para sentirse mejor con uno mismo no se reduce únicamente a simples frases, sino que va acompañado de algún versículo bíblico. La respuesta a la pregunta: «¿quién soy?» es el tema central de un sinnúmero de libros de autoayuda. A pesar de todo esto, vivimos en una de las generaciones más insatisfechas e insaciables.

En el Edén, Adán y Eva decidieron buscar significado, identidad y propósito fuera de la palabra de su Creador. No les resultó suficiente el habitar en relación perfecta con Él. No somos muy diferentes a ellos. Los libros acerca de la identidad se encuentran entre los más vendidos. Pero mientras más «fluida» o subjetiva es la respuesta cultural a la pregunta de quiénes somos, más confundida está nuestra generación. Continuamente las creyentes se definen como «princesas del Señor» o «guerreras de Dios», así como otros términos similares. El enfoque en uno mismo cada vez es más enfático. Tal como Adán y Eva, la «exploración» del significado en la vida y de la identidad continúa hoy en los lugares equivocados. Nuestros antepasados y representantes de lo que hoy es nuestra naturaleza creyeron esta mentira: que necesitaban ser más de lo que eran. Actuaron bajo la premisa de que necesitaban más de lo que Dios ya les había provisto en dirección, propósito e identidad. Esta mentira los llevó a creer la promesa falsa de que «[serían] como Dios» (Gén. 3:5), cegados ante la verdad que el Creador había declarado, que ya eran hechos a Su imagen (1:26-28). Ya eran, en ese sentido, como Dios. No eran igual a Él, pero sí eran hechos a Su imagen. Eso debió ser suficiente.

Nada ha cambiado en cuanto a la naturaleza humana y, aunque cada vez tenemos más hambre de una respuesta que nos satisfaga, solo Dios nuestro creador puede aclarar y definir nuestra identidad. Fuera de Él nunca estaremos parados en tierra firme.

¿Es posible conocer a Dios?

He conocido al Señor prácticamente toda mi vida. Desde pequeña tenía muchas preguntas sobre este Ser tan maravilloso que me presentaron y en quien había creído como mi Señor. Para mí, tenía sentido que alguien estuviera a cargo del universo y de mi vida. Entendía que alguien planeara, diera origen y orden a este mundo donde la naturaleza no deja de sorprendernos. Incluso la creatividad humana es impresionante, tanto para lo bueno como para lo malo. No parece tener límites.

Con los años, inconscientemente me enseñaron que Dios es tan infinito y misterioso que no se puede conocer. Es cierto que no podemos conocerlo *completamente*, pero Él se reveló porque quiere ser conocido para Su gloria y nuestro bien. Tal vez habría entendido mejor si hubiera aprendido que Él no puede ser conocido en

Su totalidad, como el océano entero no puede ser explorado en un solo día.

Sin embargo, necesitaba saber que Él quiere ser conocido y que ese conocimiento nos lleva a amarlo. Similar a la manera en que dos personas se conocen y se casan. Aunque toda una vida no alcance para conocerse en su totalidad, sí podemos conocer a una persona lo suficiente como para reconocer sus cualidades y carácter, amarla y hacer un compromiso con ella. Así también estudiamos a Dios a través de Su revelación en Cristo (Ef. 3:1-6), el Logos o la Palabra encarnada. Lo conocemos a través de la palabra profética más segura, Su Palabra (1 Ped. 1:19-21), con el objetivo de amarlo.

Jen Wilkin dice: «No podemos amar lo que no conocemos». Aunque es posible conocer mucho acerca de Dios y no amarlo, no es posible amarlo sin conocerlo (Prov. 9:10). Lo que Dios ha revelado de sí mismo es suficiente para que lo amemos. Pero necesitamos conocerlo primero. Nuestro amor por Él será proporcional a nuestro conocimiento de Él. En Juan 17:26 Jesús ora por Sus discípulos al Padre, diciendo: «Yo les he dado a conocer Tu nombre, y lo daré a conocer, para que el amor con que me amaste esté en ellos y Yo en ellos». El amor y el conocimiento van de la mano.

Identidad definida

Si quieres saber más de tu identidad, necesitas conocer correctamente a Dios. Muchas personas se identifican como cristianos, van a la iglesia, e incluso han hecho una oración de confesión, pero no conocen a Dios (Sal. 95:10; Jer. 9:3; Juan 7:28; 8:19; 1 Jn. 4:8). Pero es imposible desarrollar una identidad correcta si no hay un estándar, claro y absoluto, para definir esa identidad. Y definir la identidad en términos de preferencias es como decir: «Porque me gusta el sándwich, entonces soy un sándwich». La identidad es mucho más que nuestras preferencias, mucho más que nuestros deseos, que nuestros errores, que nuestras luchas.

Por otro lado, el estudio de Dios no es lo mismo que nuestra percepción de Él. No puedo decir que conozco a Dios basado en lo que siento. Es como si le caigo mal a alguien y me definiera apoyándome en eso. Quién soy es independiente de lo que los demás piensen o sientan hacia mí. Aún más, el Dios del universo no es quien nosotros pensamos que es basado en nuestras creencias, interpretaciones, impresiones o sentimientos. Dios es quien Él es y muchos no lo conocen de esa manera. No lo conocen realmente. Si nuestra relación con Dios ha estado basada y definida por lo que acabamos de mencionar, estamos en serios problemas. Dios me define a mí, pero yo no defino a Dios.

Definición que perdura

Nuestra identidad solo puede ser definida de manera correcta en el contexto de la relación. Sin embargo, ninguna relación de este lado de la eternidad podrá definir mi identidad completamente: esposa, madre, hija, tía, misionera. Estos roles son parte de lo que soy y de lo que hago, pero aún son temporales.

La pregunta es: ¿Quién soy inalienablemente? Dios, y solo Dios, puede definir esto para nosotros. No seré madre eternamente. El día que muera, dejaré de serlo. Un día, cuando no sea misionera, seguiré siendo definida por quién Dios dice que soy: redimida, adoptada, justificada, salvada. Todos estos verbos pasivos me dan una identidad que proviene de alguien más, basada en lo que Uno perfecto ha hecho por mí y declarado acerca de mí, y no por lo que yo he hecho por mí misma. Puesto que Cristo es eterno, creador e inmutable, mi identidad descrita por Él no puede cambiar. Nadie puede emitir un juicio mayor que el Soberano del universo. Lo repito porque es importante que lo internalicemos: si quieres saber más de tu identidad, necesitas conocer correctamente a Dios. Solo basándote en tu relación con Él y no en ningún rol o propósito humano, encontrarás una identidad completa.

No eres tus luchas, ni tus pecados

En las últimas décadas, y cada vez más, se ha infiltrado otra forma del problema de la identidad, aun en el mundo cristiano. Creyentes se identifican tanto con un área de lucha o pecado, que esto incluso llega a definirlos. Un ejemplo es la tendencia en algunos círculos evangélicos de «cristianos gay». Estas personas entienden que pueden continuar con un estilo de vida homosexual e identificarse como cristianos. Otros, con las mismas tendencias homosexuales, rechazan ese estilo de vida pero continúan identificándose con su lucha y tentación. Respecto a esto, Jackie Hill Perry, una maestra de la Palabra, artista y quien antes de su conversión vivió como lesbiana, dice en su libro «Chica gay, Dios bueno»:

> No me refiero a que estos hombres y mujeres que aún son tentados por atracción al mismo sexo posean una identidad de lo que algunos llaman «cristiano gay». Como he dicho antes, no creo que sea sabio ni verdadero identificarse a sí mismo por los pecados del pasado o por las tentaciones del presente sino que solo debemos ser definidos por Cristo, quien ha vencido ambos para aquellos que Él llama suyos. Todos los hombres y mujeres, incluyéndome a mí misma, quienes son experimentados en tentación sexual somos en última instancia no lo que nuestra tentación dice de nosotros. Somos lo que Cristo ha hecho por nosotros; por tanto, nuestra identidad última es muy simple: somos cristianos.[1]

Y esto no se limita a homosexuales. La lujuria heterosexual también es impureza y pecado, al igual que el consumo de pornografía, el exceso de comida, el deseo desenfrenado por las riquezas y la comodidad, entre otros. Pero sin importar cuáles sean los pecados con los que luchamos, nuestra identidad solo está claramente definida y

---

1. Jackie Hill Perry, *Chica gay, Dios bueno* (Nashville: TN, B&H Publishing Group, 2019), 119-120.

correctamente vivida a la luz de la cruz, de la vida y obra de Cristo. En Cristo, y solo en Cristo, somos y vivimos (Heb. 10:10).

Creer y vivir mi teología

La teología es el estudio de Dios y Su relación con toda Su creación, incluido el ser humano. Nuestra teología se refleja en las conclusiones que formamos acerca de Dios. Lo ideal sería que lleguemos a estas conclusiones a partir de la Biblia, pero lamentablemente la Biblia es el último lugar al que muchos creyentes recurren para definir a Dios. La teología es cómo informan mis creencias y prácticas lo que he entendido y conocido de Dios. Por esto es posible identificarse como creyente y tener una mala teología, porque todos somos teólogos (todos hemos formado algún concepto de Dios). La pregunta vital es si ese criterio de Dios que tenemos o que hemos aprendido es verdad o mentira, correcto o errado. Lo que verdaderamente creo de Dios se revela no en mi discurso, sino en mi cosmovisión (mi forma de ver la vida) y mis prácticas.

Nuestra generación, y especialmente los más jóvenes, siguen movimientos basados en su «verdad personal», en sus opiniones y emociones, y no en lo que Dios dice a través de la Biblia. No me refiero a jóvenes o personas no creyentes, porque esto no sería sorpresa. Me refiero a jóvenes cristianos. Por ejemplo, hablando con líderes de jóvenes hoy en día, muchos compartimos la opinión de que, a pesar de que unas décadas atrás advertíamos sobre esto, ya es una creencia generalizada la aprobación de la impureza sexual y prácticas sexuales fuera del matrimonio. La experiencia ministerial y en consejería nos demuestran que hoy en día una gran mayoría de nuestros jóvenes son esclavos de estas prácticas, y pocos son los que pueden tener victoria sobre ellas.

Nuestra generación invierte más energía en dar explicaciones teológicas personales, tergiversando, cambiando o relativizando la verdad, para que esta no confronte sus vidas. Por eso encontramos personas que se identifican como creyentes y apoyan la homosexualidad. Niegan que la Biblia tiene vigencia completa y autoridad sobre sus vidas, viéndolo como un menú de promesas y un complejo de ordenanzas que requieren actualización porque son arcaicas y retrógradas. Pero la verdad es verdad siempre, o no lo es. La Biblia es verdad y no puede conformarse a mis preferencias.

Una ética sexual dentro de la iglesia que rechace la inmoralidad sexual, no solo en su discurso sino también en su práctica, es cada vez más escasa en medio nuestro. Para la generación de creyentes evangélicos de más de dos décadas, la inmoralidad sexual no era un punto de discusión. Todo el mundo creía lo que la Biblia claramente decía. Hoy en día tenemos que presentar todo tipo de argumentos para «aclarar» lo que ya es claro: vivir con una pareja sin casarse bajo el mismo techo, tener relaciones y encuentros sexuales tanto heterosexuales como homosexuales, son pecado según la Palabra. Muchos recurren a interpretaciones tomadas de los pelos para justificar razones por las cuales estas cosas «no son tan malas», y el que no esté de acuerdo con ellos es tachado de legalista. Ser evangélico, espiritual, una persona de fe, es una nueva tendencia. Algunos son sinceros en reconocerlo y otros sufren contra el pecado en silencio, mientras otros lo justifican haciéndose esclavos del mismo y redefiniendo la antigua pregunta de la serpiente: «¿Dios realmente dijo (o quiso decir)...?».

El conocimiento que envanece

En el otro extremo tenemos los muy teológicos de fe muerta. Conocen acerca de Dios, pero no conocen a Dios. Su vida no refleja ninguna transformación más allá de su teología. Pero el conocimiento correcto de Dios es aquel que nos transforma y nos lleva a obedecerlo, pues esa obediencia es lo que Dios define como amor por Él. Pero estos teólogos no aman a Dios, pues no están dispuestos a obedecerlo. R. C. Sproul lo dice de esta forma:

Todos conocemos personas que pueden recitar los credos impecablemente y obtener excelentes calificaciones en cursos de teología mientras viven vidas impías. Es posible afirmar una teología sólida mientras vivimos vidas ambiguas. La teología sólida no es suficiente para vivir una vida piadosa. Aun así, es un requisito para vivir piadosamente. ¿Cómo podremos practicar la verdad sin primero entender qué es la verdad?[2]

El movimiento de la hipergracia, una forma actual de antinomianismo,[3] es prueba de esto. Muchos proclaman que no hay ley para el creyente o que «no estamos bajo la ley», lo cual es una simplificación y mala interpretación bíblica. Cuando afirmamos eso olvidamos que la ley es buena, pero no suficiente para salvarnos (Gál. 4:4-5; Rom. 2:1; 10:4; Heb. 10:1). Hablan de la gracia como si pudiera ser abusada sin consecuencias (Rom. 6:1-2; 3:5-8; 1 Cor. 8:9-12; Heb. 12:1-2).

Entonces, ¿cuál es el propósito de la ley? La ley de Dios nos acercó a Dios revelando Su carácter, Sus deseos y, en última instancia, convirtiéndose en la sombra para la revelación de Su Hijo, en quien tenemos redención, justificación y adopción (Heb. 7:9). Si estamos bajo la ley de la libertad y conocemos verdaderamente a Dios, entendiendo y abrazando apropiadamente la gracia, sabemos que la ley moral de Dios no tiene fecha de caducidad.

Este es el punto de la carta a Tito: enseñarle a la iglesia cretense la relación entre la sana doctrina (la sana teología) y la vida de piedad ante Dios. Es una importante realidad para cada creyente en cada época. Debemos reflexionar en esto y cuestionar nuestro entendimiento de Dios y nuestra disposición a obedecerle haciéndonos dos preguntas cruciales: 1) ¿Refleja mi vida consistentemente lo que digo creer de Dios?; 2) ¿Lo que digo creer concuerda con

---

2. R.C. Sproul, *Essential Truths for the Christian Faith* (Carol Stream, IL: Tyndale Momentum, 1998), 9.

3. El antinomianismo viene de dos palabras griegas: *anti* (contra) y *nomós* (ley). El antinomianismo, entonces, se refiere a una persona que rechaza que la ley de Dios tenga alguna vigencia para el creyente de hoy.

la Palabra de Dios, es decir, es teología sana y realmente bíblica? Examinemos con corazón sincero esto.

El conocimiento que es vida

No puedes amar a alguien en quien no confías. No puedes confiar en quien no conoces. La mayoría de los problemas relacionales y personales se presentan cuando colocamos esa confianza, y por tanto nuestro amor, en las manos equivocadas. Ponemos nuestra confianza y amor en personas equivocadas.

Muchos que antes profesaban la fe y se han alejado lo han hecho porque, en el fondo, uno de los problemas es poner la confianza en una imagen distorsionada de Dios. No es una imagen formada por la Biblia, sino por experiencias. Por esto terminamos con una «relación» con un «Dios» que no es el Dios de la Biblia. Un Dios que hemos pintado o hecho a *nuestra* imagen. Un Dios que resolverá mis problemas, me dará lo que quiero y me hará una campeona. Esperamos ser personas que no tendrán que enfrentar cáncer, pruebas, enfermedades ni desilusiones. Pero este no es Dios, sino un ídolo con Su nombre. Es una caricatura de Dios y probablemente la forma más común de violar el segundo y tercer mandamiento (Ex. 20:3-4).

Entonces, terminamos adorando al dios que me da lo que pido y rechazando al Dios que no me da todo lo que declaro y creo que debo recibir. Frecuentemente, usamos la misma Biblia, sacando de contexto lo que Dios ha dicho, y lo torcemos para reclamar cosas que Él nunca prometió. Criticamos a los mormones por creer que tendrán planetas propios, poblados por múltiples mujeres y descendencias, pero esperamos que Dios nos otorgue «pequeños reinos» similares aquí en la tierra. Tomamos iglesias como si fueran nuestros pequeños reinos prometidos por Dios, que heredarán nuestros hijos aunque no sean creyentes genuinos, con vidas egoístas, arrogantes e inmorales. Esta es una falsa esperanza. Es confiar en un aparente éxito y ganar el mundo, aunque implique que se pierda nuestra alma.

Por lo tanto, si quieres verdaderamente vivir, debes verdaderamente conocer a Dios, tal y como Él se ha revelado. Es el único conocimiento real, certero, preciso, pintado por Él mismo que necesitas para que tu mente, ideas, opiniones y afectos puedan estar en ritmo y responder al incomparable, eterno, majestuoso, soberano, santo, justo, verdadero, misericordioso y amoroso Dios.

¿Por qué, entonces, debo aprender teología?

¿Qué debo hacer entonces? ¿Por qué necesitamos aprender, examinar y estudiar para conocer a Dios (teología)? Quisiera responder con varias necesidades.

1. Necesitamos profundidad bíblica

Como mujeres, estamos acostumbradas a ser multitareas, a hacer de todo durante el día. Esto es muy bueno porque logramos mucho en muchas áreas distintas: trabajo, estudios, ejercicio, maternidad, matrimonio, amistades, familia en general, etc. Todos esos son roles que nosotras fungimos cada día.

Dentro de estos roles implementamos diversas áreas del conocimiento; sin embargo, no necesariamente tenemos profundidad en cada una de ellas. Y cada vez más es un asunto generacional. Nuestra generación es una que, con acceso a YouTube y a muchas formas de aprendizaje, aprende muchas cosas sin profundizar en ellas. Además, gran parte del conocimiento que recibimos lo recibimos de fuentes terciarias, o sea, estamos «reciclando» conocimiento. Conocemos lo que otra persona aprendió de otra persona, que a su vez lo aprendió de otra persona… pero pocas veces vamos a la fuente original o a una fuente confiable. Esto también se ve mucho en nuestras vidas e iglesias.

No siempre profundizamos en nuestro conocimiento de Dios porque hemos escuchado a un maestro o pastor dar explicaciones sin nosotros bíblicamente evaluarlo. La única forma de evaluar si algo es verdad no es por opiniones ni por experiencias personales. La forma de saber si algo es verdad es comprobar si está alineado y fundamentado en la Palabra de Dios.

Tal vez algunos de nosotros nunca nos hemos detenido a pensar en detalles acerca de los atributos de Dios, del carácter de Dios. Si nos preguntan cómo es Dios, no sabríamos describirlo en nuestras propias palabras. Por eso, se hace necesario que nosotras dediquemos un espacio para hablar, para hacer preguntas, para analizar algunos conceptos generales y que estos conceptos nos ayuden hacernos preguntas a nosotras mismas.

Si has estudiado la Biblia y has leído todo el texto bíblico, ten cuidado: quizá estás en la misma posición del eunuco antes de su encuentro con Felipe (Hech. 8:26-39). El eunuco leía el libro de Isaías y la pregunta de Felipe debe llevar a la reflexión hoy: «¿Entiendes lo que lees?». El eunuco estaba leyendo Isaías, pero no sabía de quién hablaba el texto, no entendía su significado. Felipe le explicó que el texto hablaba de Cristo. Entonces, y solo entonces, el eunuco creyó y fue bautizado inmediatamente. A partir de ahí, Dios se llevó a Felipe y el eunuco continuó con su camino.

Muchas de nosotras hemos vivido la vida cristiana y aun hemos leído la Biblia. Tendemos a buscar solo los textos que nos gustan o los que son fáciles de entender. Tratamos a los textos que no son tan fáciles de entender como si no los necesitáramos. Pero la realidad es que necesitamos toda la Escritura para la vida, el caminar cristiano y el conocimiento de Dios que nos transforma a la imagen de Cristo (2 Tim. 3:16-17).

Esto nos lleva a la segunda necesidad respecto a nuestra teología: la claridad bíblica.

2. Necesitamos claridad bíblica

Debemos entender claramente lo que leemos en la Palabra. Lo que entendemos mal, lo aplicaremos mal. Todo lo que necesitamos conocer acerca de Dios está en la Biblia. No todo lo que Él es está en la Biblia, porque nuestra mente es limitada. Dios es infinito y más grande que el cosmos. Pero le ha placido revelarse y que conozcamos de Él lo que considera necesario que sepamos. Por tanto, debería ser un deleite de toda cristiana invertir tiempo en pensar, meditar, estudiar a más profundidad al hermoso Autor, Diseñador y Sustentador de su vida.

Antes de hablar de claridad bíblica, necesitamos hablar de lectura bíblica. La realidad es que la mayor parte de los creyentes en la generación actual no han leído toda la Palabra.[4] No se trata solo de personas que tienen poco tiempo en el evangelio. En una época, los cristianos eran conocidos como «el pueblo del Libro» (la Biblia). Ahora conozco creyentes de 30 años que han confesado (y gracias a Dios por su honestidad) que se han restringido a solo leer los libros que se les hace más fácil entender. Así hemos formado nuestro entendimiento acerca de la Trinidad, el Espíritu Santo o la salvación porque alguien más nos dijo en qué debíamos creer.

Para tener claridad bíblica, es importante que nosotras podamos partir de la lectura de *todo* el texto bíblico y entenderlo dentro del contexto histórico-cultural en que fue dado en cada uno de estos libros. Esto es sumamente importante. ¿Cuántas de nosotras aceptaríamos casarnos con alguien solo basadas en la referencia que otra persona nos dio acerca de él? ¿Cuántas hubieran sido tan valientes como para hacer un compromiso, un pacto de toda la vida, solo por las referencias? Incluso si la referencia fuera de una amistad de confianza, ¿cuántas de nosotras aceptaríamos casarnos, sin conocer de primera mano a nuestro futuro esposo? Suena ridículo, ¿cierto?

Lamentablemente, esta es la forma en que muchas hemos aprendido nuestra doctrina. Hemos aceptado y abrazado verdades

---

4. El segmento de investigación de Lifeway hizo una encuesta sobre esto hace unos años a creyentes que asisten habitualmente a la iglesia. Los resultados que lanzó fueron que menos de un 11 % ha leído la Biblia completa desde Génesis hasta Apocalipsis, y menos de un 9 % la ha leído toda más de una vez.

para nuestra vida, basadas en lo que otras personas nos han enseñado de textos bíblicos, sin realmente aproximarnos a toda la Palabra y a entender la Palabra.

Dios quiere —pues es Su voluntad— otorgarnos esa claridad. Una persona sin claridad no puede vivir una vida cristiana fructífera. Necesitamos estar seguras de lo que creemos de Dios y saber por qué creemos lo que creemos.

3. Necesitamos saber lo que realmente conocemos

Hay ciertas premisas que todos traemos a la mesa cuando hablamos de Dios. Ahora bien, ¿cómo dejamos a un lado nuestras ideas preconcebidas y dejamos que la Palabra nos informe lo que creemos de Dios? Este primer capítulo busca animarnos porque estudiar doctrina es para todas, la enseñanza bíblica acerca de Dios y el conocimiento de Dios que transforma es para todas, no solo para personas especiales. Si estamos haciendo un compromiso con el Dios del universo de entrar en una relación de pacto por gracia, es porque Dios *quiere* ser conocido y se ha revelado a través de Su Hijo Jesucristo. Lo mínimo que podemos hacer es dedicar el tiempo y esfuerzo requeridos para conocerlo más profundamente. No solo por lo que hemos escuchado, sino por lo que Dios mismo quiere revelarnos a través de Su Palabra a cada una de nosotras. Dios quiere ser conocido.

Conclusión

Es posible pasar tiempo con personas sin que realmente lleguemos a conocerlas. Creo que muchos cristianos hemos caído en ese pecado. Hemos pasado tiempo en la iglesia, escuchando prédicas y hasta leyendo acerca de Dios, pero como nunca hemos escudriñado la Palabra en profundidad por nosotras mismas, imitando el ejemplo de los de Berea (Hech. 17:11), no hemos cuestionado y filtrado ese conocimiento con el filtro de la Palabra de Dios. Tal vez, no nos hemos detenido a pensar en aspectos generales pero imprescindibles del cristianismo de manera más profunda y clara. Algunas preguntas serían:

- ¿Cómo soy salvo?
- ¿Por qué soy salvo?
- ¿Quién es el Espíritu Santo?
- ¿Cuál es el rol del Espíritu Santo en mi vida? ¿En el mundo?
- ¿Qué dice la Biblia que es un ser humano? ¿Su propósito? ¿Su misión? ¿Qué nos diferencia de otras criaturas y el resto de la creación de Dios? ¿Cómo debo vivir a la luz de esto?
- ¿Qué implicaciones tienen las diferencias entre los hombres y las mujeres a la luz de la Biblia?
- ¿Cómo es que caminamos en la vida cristiana? ¿Cuál debe ser mi enfoque?
- ¿Qué son los dones del Espíritu? ¿Cuál es su propósito?

Esas son preguntas que a veces hemos contestado en la práctica, pero realmente no hemos escudriñado *toda* la Escritura para llegar a las respuestas. En el pasaje de Lucas, Jesús les explica a los discípulos lo que ha acontecido, y después les dice: «¡Ay, insensatos! ¡Cómo es lento su corazón para creer todo lo que los profetas han dicho!» (Luc. 24:25, RVC). Jesús los confronta solo con Sus palabras en los Evangelios y muchas nos hemos limitado al conocimiento de Jesús solamente por lo dado en los Evangelios. Pero la Palabra de Dios nos dice que *toda* la Escritura es inspirada y *toda* es útil para ser mamá, esposa, profesional, para todo lo que Dios ha puesto delante de nosotras (2 Tim. 3:16-17). Necesitamos *toda* la Escritura.

Las mujeres tendemos a leer los famosos textos de mujeres, pero para ser discípulas de Cristo, necesitamos conocer claramente, profundizar y buscar el sometimiento y la obediencia a toda la Escritura. Jesús confrontó a los discípulos y los apuntó a los profetas. ¿Cuántas de nosotras tenemos temor, por ejemplo, de escudriñar y estudiar los profetas bíblicos? La mayoría no los entiende. Muchos incluso enseñan lo que los profetas dicen, pero sin realmente entender el contexto histórico, ni cómo se revela el carácter de Dios, a Cristo y Su obra, porque nos da miedo acercarnos a estos textos. Otros un poco más audaces, diría yo, sin ningún tipo de discernimiento ni reverencia bíblica enseñan esto textos completamente fuera de contexto, pero no manejan diligente y correctamente la Palabra de verdad, sino que traen vergüenza a nuestra fe y ponen en ridículo el nombre de Cristo (2 Tim. 2:15).

La Palabra nos advierte a no creer solo lo que otra persona nos enseña sin haber estudiado la Escritura. Hay una forma correcta de entender la Biblia y hay una forma incorrecta. Esto es lo que Jesús les está corrigiendo a ellos; el no solamente creer lo que están viendo por su concepto propio o lo que siempre les enseñaron, sino creer lo que se habla de Jesús que Dios ha revelado a través de la Escritura y que da testimonio de ello. Luego, Jesús les dice:

> ¿Acaso no era necesario que el Cristo padeciera estas cosas, antes de entrar en su gloria?» Y partiendo de Moisés, y siguiendo por todos los profetas, comenzó a explicarles todos los pasajes de las Escrituras que hablaban de él (Luc. 24:26-27, RVC).

Cristo empezó a explicarles desde el Génesis. ¡Guau! ¿Cuántas de nosotras diríamos: «¡Qué privilegio estar ahí! Me hubiera encantado ser una de esas personas»? Hermana, te tengo buenas noticias: nosotras también podemos estudiar todos los pasajes que hablan de Jesús, simplemente tenemos que tomar nuestra Biblia y empezar a estudiarla sistemáticamente.

Así que el objetivo de este tiempo es llevarnos a la reflexión y a respuestas bíblicas acerca de diversos temas de Dios que nos hagan pensar más profundamente, que nos apunten a lo que todo el concepto de Dios dice acerca de estos temas que son fundamentales para la vida cristiana.

Dios quiere ser conocido. ¿Estás lista?

CAPÍTULO 2

Teología propia: la persona de Dios

¿Cómo es Dios? ¿Y qué tan firme estoy en ese conocimiento? Es importante que cada una de nosotras se haga preguntas acerca de Dios. Preguntas importantes: ¿Quién es Dios? ¿Puedo conocer a Dios o es una misión imposible? Si es posible, ¿cómo lo conozco?

Jesús hizo poco más de 300 preguntas. Dios le hizo más de 60 preguntas a Job, las cuales tenían el propósito de reenfocar su perspectiva y llevarlo a la reflexión. Dios no hace preguntas porque necesite respuestas, Él hace preguntas para que nosotros tengamos respuestas.

Tal vez muchas de nosotras hemos sido enseñadas a «no preguntar». Te han dicho: «¡Ah, no puedes cuestionar a Dios!». Esta manera de pensar es parte de muchas culturas del sur global (Latinoamérica, África y Asia), debido a aspectos culturales de distancia de poder; es decir, la distancia entre una persona en autoridad (padre, maestro, pastor o líder eclesiástico) y los que están bajo su autoridad (hijos, servidores en la iglesia, estudiantes, subordinados o empleados). Tendemos a confundir las preguntas genuinas con una actitud retadora e irreverente. Pero la distancia de poder no tiene nada que ver con respeto. Tiene que ver con relación y comunicación.

Eso se extiende también a nuestras vidas personales. Tenemos la impresión de que cuando somos cuestionados, nuestro carácter o conocimiento está siendo puesto en duda. ¿Te has preguntado por qué te molesta cuando tus hijos, estudiantes o hermanos en la iglesia te cuestionan acerca de Dios? Muchos hacen preguntas. A veces, preguntan porque son curiosos, similar a Zaqueo (Luc. 19:1-10). Los niños preguntan porque quieren entender. Personas, tanto creyentes como no creyentes, preguntan porque no entienden.

A veces tomamos esas preguntas como una amenaza personal porque no hemos dedicado suficiente tiempo para aprender acerca de la persona de Dios. Sentimos que nuestra falta de preparación expone nuestra ignorancia y, aunque no lo creamos, nuestra falta de fe. Por eso reaccionamos. Al negarnos a responder sus preguntas nos ponemos en el centro, y nuestro orgullo es revelado. Algunas preguntas frecuentes y vitales acerca de Dios son:

1. ¿Cómo sabemos que Dios existe? ¿En qué forma existe?
2. ¿Por qué Dios se revela con tantos nombres distintos?
3. ¿Cómo es Dios? ¿Qué lo caracteriza y lo diferencia de Sus criaturas? ¿Qué hace que el Dios del cristianismo sea diferente a Dios en otras religiones?
4. ¿Qué relación tiene Dios con Sus criaturas y con Su creación?
5. ¿Qué son los decretos de Dios y qué implica eso para nosotros? ¿Significa esto que solo somos marionetas en el plan de Dios?
6. ¿Por qué son los milagros importantes para mi entendimiento de Dios?
7. ¿Qué es la providencia de Dios?
8. Si Dios no creó el mal y todo es creado por Él o decretado por Él, ¿qué debo pensar al respecto?

Estas no son preguntas irreverentes. Son preguntas importantes, porque dependiendo de nuestra respuesta, podríamos dibujar una imagen de Dios distinta a quién Dios es en realidad, a cómo Él quiere ser conocido, y lo que Él revela de sí mismo.

Un lugar seguro

Es triste que por muchos años hemos perpetuado esta actitud en nuestro evangelismo, discipulado, crianza y, aún más, en nuestras iglesias. La iglesia debe ser el lugar más seguro, donde un ateo se sienta cómodo para encontrar respuestas, aunque al final no las acepte. La sala de un cristiano o la compañía de un creyente en un café debiera ser el lugar más manso, sincero, humilde y abierto al cuestionamiento. Cualquiera con dudas acerca de Dios y la fe cristiana debería escuchar respuestas desde una fe sólida, y poder ver una fe que se vive de manera coherente y basada en la Palabra de Dios, pues es en la Escritura donde encontramos la suficiencia para la defensa de la fe y el entendimiento de Dios.

Como mencioné, una de las razones por las cuales hay una reacción cuando somos cuestionados acerca de Dios es nuestra falta de preparación. Nos sentimos inseguros por no tener las respuestas, en lugar de apuntar a Dios y Su Palabra como fuente de la verdad. Nos colocamos nosotros en el centro y, al no poder dar una respuesta satisfactoria, reaccionamos, muchas veces, pecaminosamente. Pero Dios nos dejó como Sus embajadores en la tierra para ayudar a otros y dar razón de lo que creemos (1 Ped. 3:15).

Imaginemos que nuestra amiga creyente está teniendo dudas acerca de su fe. En medio de una tragedia tras otra, una pérdida tras otra, tu amiga necesita ser afirmada. Sabes que Dios es bueno y que a la vez es soberano; es decir, todos Sus decretos se realizarán y nada en este mundo ocurre fuera de Su voluntad. Él tiene el control de todo. Tu amiga preguntará: ¿hizo Dios que esas cosas le pasaran a mi familia? ¿Decretó Dios que ocurriera un desastre natural que destruyó todo lo que tenía? ¿Causó Dios ese mal? En nuestro deseo de defender a Dios, podemos presentar una imagen de Él distinta a la misma que Él presenta de sí mismo en la Biblia. Si solo basamos nuestra respuesta en nuestra experiencia personal y creencias, eso no será suficiente para sostenerla durante el sufrimiento. Algunas personas con vivencias muy duras y difíciles podrían decir que Dios no es bueno.

La revelación de Dios y Su existencia

Dios le revela al ser humano lo que considera que el ser humano necesita saber acerca de Él. Esto parece obvio, pero no lo es. Dios se revela a través de Su creación y también de manera especial a través de Su Palabra. Cuando vemos la creación, el cuerpo humano o el universo, vemos que detrás de tan impresionante diseño existe un diseñador. Sobrenaturalmente, Dios se ha revelado. Tanto Su palabra, plan, persona y voluntad se nos han dado a través de la historia en un período de unos 1500 años por autores que, inspirados por el Espíritu Santo, escribieron las palabras de Dios. La revelación y el cumplimiento evidente se revelan en la persona de Jesús, Su vida, hechos, palabras, muerte, resurrección, glorificación y promesa de regreso.

De la misma manera que un niño crece en conocimiento de sus padres, pero sus padres lo conocen mejor a él mismo, de esa manera Dios se revela progresivamente a la raza humana. El clímax de la revelación de Dios es Cristo. El ser humano no necesita conocer más de Dios que lo que ha sido revelado en la vida, obra, muerte, resurrección y glorificación de Cristo. Dios se revela no para satisfacer la curiosidad o para que algunas personas se sientan más especiales que otras. Dios se revela para que le demos gloria, no para que nos gloriemos en ese conocimiento. Si la revelación de Dios te hace sentirte superior a tus hermanos, esa revelación difícilmente es de Dios.

Dios existe como suficiente en sí mismo. El ser humano no altera lo que Dios hace o determina hacer. No puede reaccionar, porque Él no responde a emociones como los humanos. Dios es estable, siempre es el mismo. El ser humano no tiene la capacidad de afectar Su juicio como si Dios no supiera lo que pensamos o hacemos previamente. Esto es conocido en la teología como *aseidad de Dios.* Muchos teólogos tienen distintas posiciones al respecto. Por un lado, algunos dicen que Dios carece de cualquier tipo de emoción y todo lo que vemos en lenguaje humano en la Biblia está expresado así para nuestro entendimiento de Dios, pero no describe a la perfección Su ser porque no hay forma humana de hacerlo. Por otro lado, otros presentan a un Dios tan emocional como el ser humano creado a Su imagen. Sin embargo, no podemos tomarnos como referencia, pues para empezar nuestras emociones tienen la capacidad de ser pecaminosas, como generalmente lo son. Nuestras emociones son reactivas, y aunque parcialmente pueden reflejarlo, cuidemos de no «humanizar» a Dios a costa de Su deidad. Aun Cristo no experimentó emociones humanas de manera pecaminosa como lo hacemos nosotros.

Él existe. Dios ha hecho Su existencia evidente al ser humano en todas las generaciones. Por lo menos los primeros 1000 años de existencia de la humanidad tenían como testigos a nuestros prime-ros padres: Adán y Eva. Por cientos de años subsiguientes, los hijos y nietos de Adán y Eva, como lo revelan las genealogías que vemos en Génesis, tenían las palabras e historias de los testigos oculares de Dios, de cómo habitó con el hombre en comunión en el jardín. Nuestra experiencia con Dios no determina quién es ni cómo es Él. Lo que otros nos han dicho acerca de Dios y lo que hemos conocido de Dios no deben determinar lo que sabemos de Dios. Lo más sólido es creer lo que Él ha dicho en Sus propias palabras, en Su revelación escrita y en la creación. Aunque tengamos maestros y líderes que nos enseñan a conocer a Dios, es nuestra responsabilidad y deber filtrar todo a través de las Escrituras.

No solo los ateos tienen un hambre insaciable de pruebas de la existencia de Dios. Muchos creyentes anhelamos un milagro más, una revelación especial más, como si esto fuera lo que necesitamos para creer más y crecer en fe. La narrativa bíblica nos demuestra lo contrario. El hombre no necesita más evidencia de Dios. Para el pueblo de Israel en el desierto no fue suficiente la columna de nube y la columna de fuego, la presencia de Dios en el tabernáculo. No existe fe verdadera, ni bíblica, sin obediencia. Creer sin responder con fe, desde la perspectiva bíblica, no es creer, es solo una mentira. ¡Ánimo! tus luchas no son extrañas, son muy humanas. Dios nos capacita a través de Su Espíritu Santo para que en nuestro caminar crezcamos cada día a la imagen de Su Hijo. Lee Juan 12:37-48 y ora para que el Señor cada día aclare, afirme y te haga más obediente en tu caminar de fe.

¿Cómo sé lo que sé de Dios?

Hagamos el siguiente ejercicio: Describe a Dios por Sus atributos, las características de Dios que lo diferencian de nosotros y cualquier otro «dios». Por ejemplo, Dios es bueno, grande, creador, veraz, poderoso. Haz tu propio listado.

Una vez que hayas terminado ese listado, quiero que te hagas una pregunta: ¿cómo conoces estas cosas acerca de Dios? ¿Cuál es tu fuente de conocimiento? Si respondes: «la Biblia», entonces dime dónde está eso en la Biblia. Si tu hijo adolescente te dijera: «Mamá, quiero conocer a Dios y entregarle toda mi vida, si tú me puedes demostrar con la Biblia que Dios es bueno». ¿Dónde encuentras eso? ¿Cómo le vamos a enseñar a nuestro hijo que Dios es bueno?

Muchas de nosotras tenemos una fe muy superficial porque no hemos profundizado nuestra fe o la hemos basado en cuentos: «Oh, yo creo que hay un pasaje donde Dios hizo algo que mostraba que Él era bueno...». Pero ni siquiera sabemos dónde encontrar porciones de la Biblia donde se demuestre eso.

Otro extremo es basar nuestro conocimiento de Dios solo en algunos pocos versículos, sin entender el contexto de toda la Biblia. Al hacer esto, podríamos llegar a una contradicción. Mientras nosotras afirmamos que Dios es bueno con un texto, otra puede traer otro grupo de versículos (por ejemplo, cuando Dios mandaba al pueblo de Israel a matar a niños, hombres y mujeres) y decir que Dios no es bueno.

Entonces, ¿cómo sabemos si Dios es bueno o malo? Cada cristiano debe estudiar el carácter de Dios, partiendo de la Escritura, y establecer lo que conocemos de Dios desde Génesis hasta Apocalipsis. Sabemos que Dios es creador porque creó en el principio los cielos y la tierra (Gén. 1:1). Sabemos que Dios es Rey porque Él mismo dice ser Rey sobre todas las cosas (Sal. 47:7). No depende de si el ser humano declara o reconoce que Dios es Rey o bueno. La Palabra lo afirma: Dios es Rey y es bueno.

A veces, llegamos a conclusiones erradas. Decimos: «Ah, tenemos que proclamar a Dios como el Rey de la tierra». Sin embargo, no porque yo declare o no declare que Dios es Rey, «haré» o «desharé» a Dios Rey. Dios *es* Rey porque Él declara que es Rey (Mal. 1:14). Hay millones de seres humanos que no reconocen a Dios como Rey hoy en día. Esto no cambia la verdad establecida en la Biblia de que Dios es Rey. De igual forma, Dios es bueno porque la Palabra lo define como bueno.

- Den gracias al Señor, porque Él es bueno; porque para siempre es Su misericordia (1 Crón. 16:34; Sal. 118:1,29; 107:1; 100:5; 135:3).
- Bueno y recto es el Señor; por tanto, Él muestra a los pecadores el camino (Sal. 25:8).
- El Señor es bueno para con todos, y su compasión, sobre todas Sus obras (Sal. 145:9).
- Bueno es el Señor, una fortaleza en el día de la angustia, y conoce a los que en Él se refugian (Nah. 1:7).

Es imperante que todo nuestro conocimiento de Dios venga de *toda la Escritura*. Conozcamos estas doctrinas, pero también sepamos de dónde salen.

El Dios completo

Debemos tomar tan en serio el amor de Dios como Su ira. Es decir, creer en Dios como se revela en la Biblia, no un Dios parcial sino completo. Dios gobierna sobre naciones y sobre nuestras vidas. Eso quiere decir que, cuando mi voluntad choca con la voluntad de Dios, siempre prevalecerá la de Él sin importar lo que hagamos. «Dios es un caballero» es una frase común que escuchamos, pero el contexto es incorrecto. ¡Dios es soberano! «Nuestro Dios está en los cielos; Él hace lo que le place» (Sal. 115:3).

Si nos rendimos al verdadero Dios, más llano será el camino que atravesaremos en nuestra vida cristiana. Nos moveremos desde un punto A hasta un punto B confiando en Su bondad cuando atravesamos por las cosas más inexplicables, cuando tenemos más temor del hombre que de Dios. Esta confianza pondrá nuestra vida cristiana, familiar, personal y en comunidad en la perspectiva correcta.

¿Quién es Señor?

Todo problema en el mundo y en la vida del cristiano es un problema de señorío. Es una lucha constante de colonización contraria a Aquel que es Señor. Así que, cuando hablamos de doctrina, hablamos de enseñanzas. Cuando hablamos de *Doctrina para todas*, hablamos de las doctrinas acerca de Dios como han sido reveladas a través de toda Su Palabra. Estamos definiendo lo que vamos a creer de Dios. Y lo que estudiaremos de Dios lo basaremos en lo que Dios mismo ha dicho y ha revelado de sí mismo. Por eso, no podemos confiar en nuestras emociones o experiencias para definir a Dios. Él mismo ha puesto conciencia de Su existencia en todo ser humano. Ningún grupo tribal, por más aislado del mundo que esté, es ateo. ¿Por qué? ¿Cómo se revela Dios? Su poder y superioridad es evidente a todos al darse a conocer a través de Su creación (Rom. 1:18).

La doctrina es una enseñanza, y la teología es el estudio acerca de Dios. Entonces, una doctrina es una enseñanza y la teología es la ciencia que estudia a Dios; es el conocimiento completo de quién es Dios. Es el estudio de la persona de Dios, de cómo es Dios, de qué hace Dios. Otra manera de conocer a Dios son Sus actos. Pero Sus actos deben interpretarse a través de Su revelación como revelación de Su carácter y no como yo quiero interpretarlo. Lo que Dios determina y lo que Él decreta revela Su esencia. Un ejemplo difícil para nosotros de entender es cuando Dios manda al pueblo de Israel a matar personas. Esto puede llevarnos a una disyuntiva desde nuestra perspectiva humana. Sin embargo, Dios revela que Él es justo. Esto implica que todo lo que Él hace y decreta es justo. No ante los ojos y juicio limitados del ser humano.

La providencia divina

Entonces, el estudio de la persona de Dios, de Sus atributos, es lo que conocemos como la teología propia que, de todos los temas relacionados a Dios, este específicamente es el estudio de Dios *per se* (de Su persona, de sí mismo). ¿Por qué? Porque hay otros temas que se incluyen en la teología que parten de quién es Dios, pero no son directamente el estudio de la persona de Dios. Cuando hablamos del estudio de Dios, está, por un lado, la teología propia y, por el otro, están otros aspectos de la teología los cuales puedes ver en el índice de este libro.

Entonces, cada una de estas son áreas diferentes del estudio de la teología, en las cuales profundizaremos poco a poco. Pero cuando hablamos de teología propia, este es el principio de todas las cosas:

- ¿Qué conocemos de Dios?
- ¿Cómo hemos conocido esto de Dios?

Creo que muchas de nosotras podríamos decir que, aunque podemos ser cristianas por 30 años (en mi caso, 35 años), no conozco ni siquiera la superficie de todo lo que Dios es. ¿Por qué? Porque Dios es trascendente; es decir, es un Dios grande, infinito, que no tiene principio ni fin. Al ser un Dios trascendente, podrías preguntarte cómo podemos entonces conocerlo. Pero Dios es al mismo tiempo trascendente e inmanente, porque en la Biblia vemos ambas cosas y no son excluyentes. La inmanencia de Dios se refiere a la cercanía de Dios. Dios es grande, inalcanzable, reina en el universo, y es a la vez un Dios cercano que habita en nuestros corazones.

¿Cómo entender la sabiduría de las riquezas del conocimiento de Dios? Por eso es necesario el estudio de la teología propia. Por ejemplo, sabemos que Dios es Todopoderoso. Pero ¿puede mentir? No, porque Dios no puede negar Su propia esencia. Dios no puede mentir, porque Dios no es mentiroso. Entonces, en ese sentido, sí hay algo que Dios no puede hacer, pero eso no implica que Él no sea Todopoderoso. Él no puede hacer eso porque va en contra de quién es. Dios no puede dejar de ser Dios y el ser mentiroso significaría que Él tendría que dejar de ser Dios. Fíjense, hermanas, cómo a veces suponemos estas cosas, pero no las pensamos más profundamente. Esa es la realidad.

Mencioné que Dios es infinito. Esta es la razón por la cual podemos estudiar acerca de Dios y nunca conocer todo lo que tiene que ser conocido de Dios. Dios es infinito, nosotros somos finitos. Las madres de niños pequeños saben que hay cosas que no les enseñan porque son cosas que no pueden entender. Aun un niño genio no podría entender todo lo que un adulto estudiado sabe. Nosotras, como seres finitos, tampoco podemos llegar a conocer siquiera la superficie de un Dios infinito que incluso fue testigo de la vida del primer ser humano que pasó por la tierra.

Ese es el Dios infinito que queremos conocer. Entonces, Dios es un Dios que quiere ser conocido, que ha revelado todo lo que nosotros necesitamos de Él. La Biblia nos llama a reconocer y reflexionar sobre quién es Dios. Pero reconocerlo no es solo decirlo, sino también sentir el peso de las verdades que Él ha revelado de sí mismo y responder en cada área de la vida a Su revelación. Cada decisión del creyente debe ser coherente con lo que Dios ha revelado de sí mismo. Cada plan, cada acción, cada actividad del creyente, de la familia de Dios, de Su iglesia, debe responder a quien Él revela ser.

Los decretos de Dios

Si Dios es todo lo que hemos visto, ¿por qué se nos hace difícil entender que Sus decretos son innegables, Su soberanía es absoluta y Su voluntad es inmutable? Muchos dirán: «Esto desafía mi concepto de libre albedrío». Hermana, piensa en esto: cuando tu libre albedrío choca de frente con el libre albedrío de Dios, en Su eterna sabiduría y poder (Prov. 2:6; Rom. 11:33), ¿qué voluntad prevalecerá? ¿Crees que el Dios del universo se someterá, detendrá, vacilará o considerará la voluntad humana como algo que Él no ha previsto?

¿Quién aconsejará a Dios? ¿Tiene sentido rechazar el consejo de Dios? (Sal. 107:11). Los decretos de Dios son el designio de la voluntad de Dios que rige el mundo, el cual a su vez está regido por la sabiduría eterna y el conocimiento completo de pasado, presente y futuro de Dios. Por tanto, Sus decretos son todas las obras ordenadas por Dios y predeterminadas por Dios, no por influencia humana sino por el consejo de Su voluntad. Nada supera esto. Dios es intencional en todo lo que hace y permite. La oración es un medio predeterminado por Dios para que la voluntad del hombre se alinee con la suya. No es un medio de manipulación o influencia a Dios para que cambie de opinión como a veces pensamos. La oración nos ayuda a someternos y alinearnos con los decretos y la obra de Dios en la tierra. La oración nos cambia a nosotros.

Este es nuestro Dios

Dios es justo (Ex. 9:27), es fuerte guerrero (Ex. 15:3), Su nombre es el Señor (Ex. 15:3), es mi estandarte (Ex. 17:15), es más grande que todos los dioses (Ex. 18:11), es misericordioso y a la vez castigador (Núm. 14:18), es un Dios incomparable en los cielos y en la tierra (Deut. 4:39), es uno solo y debe ser seguido (Deut. 6:4; 1 Rey. 18:21), es la herencia y porción de los Suyos (Deut. 18:2; Sal. 119:57), es paz (Jue. 6:24), es testigo (Jue. 11:10; 1 Sam. 2:15), es sabio (1 Sam. 2:3), es nuestra roca y libertador (1 Sam. 22:2; Sal. 18:2), es Rey eternamente y para siempre (Sal. 10:16), es justo (Sal. 11:7), es refugio (Sal. 14:6), es pastor (Sal. 23:1), es luz y salvación (Sal. 28:8), es bueno (Sal. 34:8; 100:5), es nuestra ayuda y sostén (Sal. 54:4), es grande (Sal. 99:2), es nuestro hacedor y guía (Sal. 100:3), es nuestra fortaleza y canción (Sal. 118:27), es nuestra iluminación (Sal. 118:27), es nuestro guardador (Sal. 121:5), está por encima de todos los falsos dioses (Sal. 135:5).

Por todas estas cosas, por quién Él es, Su pueblo escuchará Su voz, no como sugerencia sino como vida y ordenanza (Deut. 26:17). ¡Cuán distintas serían nuestras vidas, iglesias y comunidades si viviéramos realmente en respuesta a estas verdades! Porque Dios es así, deberíamos ser justos en nuestro matrimonio, misericordiosos con nuestros hijos, obedientes aun cuando es difícil, estar confiados en que Él iluminará el camino cuando no sabemos qué hacer en nuestro trabajo, nuestra maternidad, nuestro matrimonio o nuestro ministerio. Conocer a Dios implica responder a Él donde te encuentras, con sinceridad, honestidad y completa rendición.

Toma un tiempo para meditar cómo vives, lo que piensas al enfrentarte a estas verdades y al reflexionar en ellas. La conclusión de todos nosotros debe ser reconocer lo cortos que nos quedamos y cuánto necesitamos a Dios. Por eso, en Cristo, y solo en Cristo, podemos ser quienes Él nos ha llamado a ser, completos en Él (Col. 2:10). Solo en Él.

Interpretaciones erradas y peligrosas acerca de Dios

A veces cuando me preguntan: «Entonces ¿cómo hago con los pasajes difíciles?», les respondo que hay pasajes difíciles en la Escritura que requieren que estudiemos más de la Escritura y que veamos a Dios en todas Sus facetas para entender esa acción específica. Pero también debemos tomar en cuenta lo que nos dice Deuteronomio 29:29, (LBLA): «Las cosas secretas pertenecen al Señor nuestro Dios, mas las cosas reveladas nos pertenecen a nosotros y a nuestros hijos para siempre, a fin de que guardemos todas las palabras de esta ley». Este es un pasaje sumamente importante cuando nos embarcamos en cualquier estudio de la persona de Dios.

Muchas veces, Dios habla de sí mismo en la Biblia de forma ilustrativa. Su propósito en estos casos es ilustrar, dar un ejemplo, y no una descripción específica de Su esencia. Él usa figuras del lenguaje para ilustrar facetas Suyas o Su relación con Su creación. Por ejemplo, Él revela que Su pueblo está bajo la sombra de Sus alas, o que es refugio para ellos como la gallina a sus polluelos. Esto para nada debe llevarnos a interpretar estas cosas literalmente, y mucho menos llevarnos a hacer teología diciendo que Dios es femenino o tiene un lado femenino. Dios solo se identifica en la Biblia con pronombres masculinos, aunque Él no tiene género.

Debemos diferenciar esto de las ocasiones cuando Dios habla de sí mismo de manera descriptiva o definitiva. En estos casos, Su propósito sí es definir o describir Su esencia. Esto es muy importante en cuanto al carácter de Dios y Sus atributos. Dios es misericordioso y en la Biblia a veces se ilustra o personifica Su misericordia con atributos femeninos. Sin embargo, está claro que Dios no tiene sexualidad. No hay duda de que, en la Biblia, Dios se describe de forma prevalente en lenguaje masculino. Aún más, Cristo mismo se encarnó como hombre. No solo como ser humano, sino como el género masculino.

Querer hacer teología de cosas que la Biblia no describe o fuera del propósito de una ilustración es un error. Esto se ve de manera evidente en formas y énfasis de teología feminista que ha querido socavar la Palabra de Dios, agregando o quitando, para justificar sus perspectivas personales. No podemos leer más de lo que la Palabra revela. Cristo nunca llamó *Madre* a Dios. Siempre fue *Padre*. Algunos más afirman que la identificación de Cristo con el Padre fue por miedo cultural, pero Cristo tampoco se limitó a normas culturales. Cuando la cultura se rebelaba contra la justicia, la misericordia y los atributos del Padre, estas todavía permanecían en Él aun en Su encarnación humana y brillaron en Su carácter para que el mundo viera e imitara Su ejemplo. La Biblia, por tanto, habla y revela mucho del corazón paternal de Dios.

Una doctrina que se ha ido popularizando en algunos círculos evangélicos es la del corazón maternal de Dios. Esta podría sonar inofensiva de entrada, pero no lo es. Esa doctrina es abusada en varios aspectos. Cualquier doctrina, como esta, que afecte aspectos primarios —es decir, que tienen que ver directamente con la naturaleza de Dios— se topa con las montañas no negociables de la fe cristiana. Estas doctrinas no negociables han sido claramente reveladas en la Escritura y aceptadas a través de la historia de la iglesia.

Ahora bien, la compasión y la ternura no son un aspecto exclusivo de las mujeres. De hecho, es un aspecto característico de la Deidad en Sus tres personas. Pero la maternidad es obviamente femenina. El Padre no está llamado a ser maternal. Los padres sí están llamados a ser afectuosos, tiernos y compasivos, pero a expresarlo de una forma masculina. Las madres están llamadas a ser lo mismo, pero a expresarlo en una forma femenina, con nuestras diferencias afectivas, emocionales y sociales (las cuales no son una imposición social, sino un diseño biológico y divino). Lo que ocurre en el cerebro de un bebé durante su alimentación con su madre, o en el desarrollo en el vientre, es distinto a lo que ocurre en su cerebro con el afecto físico de su padre. Ambos son vitales y estas diferencias son buenas en gran manera (Gén. 1:31).

Hay cosas de Dios que nunca vamos a saber y no tenemos el derecho ni la necesidad de saberlas. Lo que Deuteronomio 29:29 nos está diciendo es que lo necesario para que guardemos la Palabra de Dios nos ha sido revelado, pero las cosas secretas que solo Dios entiende de sí mismo le pertenecen a Él. Entonces, debemos deshacernos de ese morbo de acercarnos a la Biblia solo porque quiero saber más de Dios pero con una forma arrogante. Si queremos saber más de Dios es para obedecerlo más y someternos más a Él. A veces, queremos conocer más de Dios para demostrarlo a otros, para saber más, o para satisfacer nuestra curiosidad sin la mínima intención de obedecer. Pero ahí está la clave: todo lo que conocemos de Dios debe de ser obedecido. Todo lo que conocemos de Dios debe llevarnos a someternos más a Dios.

Conclusión

Entonces, el objetivo de estudiar teología propia es que estas cosas nos abrumen al abrir nuestros ojos a un Dios increíble, a un Dios magnífico, a un Dios que requiere y merece nuestra adoración. Que estas cosas nos lleven a sometamos incluso en lo que no entendemos, sabiendo que lo que necesitamos saber ya Él lo ha revelado en Su Palabra y es suficiente (2 Tim. 3:16-17).

Todo lo bueno que Dios pide que hagamos, todo lo bueno que Dios quiere que seamos está dado en esta Palabra. Entonces todo tiene que partir de estudiar a Dios, el objeto de nuestro estudio es Dios y de ahí vienen muchas ramificaciones de otras doctrinas: la doctrina de la salvación (la soteriología), la doctrina de la segunda venida y de los últimos tiempos (la escatología), y otras doctrinas. Pero todo esto debe basarse en el conocimiento de Dios mismo y, por eso, necesitamos conocer más de teología propia.

Oración

«Señor, quiero creer en ti como te revelaste en las Escrituras. No quiero creer en un dios falso, sino en el verdadero Dios, en ti. Gracias por revelarte a nosotras en la Biblia».

Capítulo 3

Cristología

¿Quién es Cristo? Jesús es la segunda persona de la Trinidad, a través de quien todo fue creado, coexistente con el Padre y el Espíritu Santo eternamente. Cristo no fue creado. Él es y ha sido por la eternidad. Todas las religiones del mundo se separan del cristianismo ya que afirmamos a Jesucristo como el *único* camino, la *única* verdad y la *única* fuente de vida eterna. La fe cristiana recibe su nombre de la piedra angular de nuestra fe. Él se encarnó, vivió, sufrió, murió, resucitó y fue glorificado. Cristo no es solo un profeta ni un dios más. Tampoco es un modo de Dios. Si crees una de estas cosas, entonces no puedes llamarte *cristiano*, pues creerías una versión reducida o distorsionada de *Cristo*. Sobre la declaración: «Tú eres el Cristo, el Hijo del Dios viviente» (Mat. 16:16, RVR1960), está edificada la Iglesia cristiana.

Cristo tampoco es mi «pana», como diríamos en Dominicana (una forma informal de llamar a un amigo). Él es mi amigo, pero nunca debo olvidar que no es mi igual. Él quiere que me acerque en amor, sin perder la reverencia a Aquel que sostiene todo con el poder de Su Palabra y ante quien toda rodilla se doblará.

Este es uno de los temas centrales de la doctrina cristiana porque necesitamos basarnos en lo que enseña la Biblia acerca de Cristo. Si existen batallas doctrinales que pelear hasta la muerte, la doctrina de Cristo es una de las innegociables de la fe. El cristianismo debe tener como fundamento que Jesús fue verdaderamente Dios y verdaderamente hombre, que padeció en la carne, resucitó al tercer día, está sentado a la derecha de Dios, regresará por Su Iglesia, y es nuestro único sacerdote intercesor, pues en Él somos y tenemos todas las bendiciones de un hijo adoptado en la familia de Dios.

El cristianismo no es solo una religión o un sistema de creencias. El cristianismo es nuestra identificación con la persona y la obra de Cristo. Los estándares y mandatos de Cristo son la ley que rige nuestra vida. Nuestras opiniones o sentimientos no son lo que importa, sino lo que Él hizo, hace, dice y espera.

Cuatro preguntas iniciales

Entonces, comencemos haciéndonos cuatro preguntas cruciales que nos ayudarán en nuestro estudio de la persona de Cristo.

1. ¿Qué dice toda la Biblia acerca de Cristo?
Algunas conocen de Cristo no a través de Su obra salvífica, sino de Sus milagros y Sus citas famosas. El problema es que es una forma muy reducida de la persona de Cristo. Por eso hay dos cosas que vamos a enfatizar: la obra y la persona de Cristo. Creo que la mayoría nos hemos enfocado en Su obra (qué hizo Cristo), pero lo que Él hizo adquiere un significado completo al conocer Su persona (quién es Cristo).

Su persona y Su obra están fielmente expuestas en todas las Escrituras. Cristo aparece desde el primer capítulo de Génesis hasta el último capítulo del Apocalipsis. Por ejemplo, Dios dice: «Hagamos al hombre a nuestra imagen, conforme a nuestra semejanza»

(Gén. 1:26, RVR1960). Está hablando en plural, es una conversación intratrinitaria. Por lo tanto, la segunda persona de la Trinidad no aparece solo en los Evangelios. Cristo aparece a través de toda la Escritura. Cada libro de la Biblia tiene algún tipo de referencia a la persona o a la obra de Cristo.

2. ¿Qué creo realmente acerca de Cristo?
Probablemente algunas de las cosas que creemos no son precisas, y solo las estamos repitiendo sin pensar en las implicaciones que tienen. Entonces, es necesario que pensemos y sopesemos en qué hemos creído acerca de Cristo durante nuestra vida cristiana.

3. ¿Cuáles son las herejías más comunes sobre Cristo?
La Biblia nos afirma que no hay nada nuevo debajo del sol (Ecl. 1:9). En ocasiones he escuchado sermones que enseñan viejas herejías, y esto sucede por desconocimiento de la Biblia y de la historia de la iglesia. A veces, por presentar a un Jesús cercano, terminamos trivializándolo y tratándolo como si fuera una persona más en nuestra vida, negando o minimizando Su Deidad. Entonces, es vital que evaluemos cuáles son las herejías más comunes.

4. ¿Cómo afecta la cristología mi vida cristiana?
¿Cómo afecta lo que creo acerca de Cristo la forma en la que veo mi vida cristiana?

Con la primera de estas cuatro preguntas en mente, iniciaremos nuestro estudio de Jesucristo centrándonos en una de las características más importantes que resalta el Nuevo Testamento: el hecho de que Jesús es el Mesías.

Jesús el Mesías

Cristo fue mucho más que un hacedor de milagros. Él fue mucho más que un maestro judío o un profeta. Todo eso fue solo una parte de Su obra y Su carácter.

En la Biblia hay múltiples predicciones mesiánicas del Salvador que habría de venir. Por eso, los oyentes de Jesús por igual le preguntaban: «¿Eres tú el Cristo?» (Luc. 22:67, RVR1960; comp. Mat. 16:16; 26:63-64; Mar. 14:61; Juan 4:25-26). Ellos no sabían quién sería el Mesías y, evidentemente, no habían entendido Su misión por completo, pero sabían que debían esperar al Redentor. En el Jardín, Dios prometió al Salvador (Gén. 3:15), también prometió a Abraham bendecir a todas las familias de la tierra (Gén. 12:2-3) y Jacob profetizó que el Rey eterno vendría de Judá (Gén. 49:8-12). Moisés profetizó al pueblo: «El SEÑOR tu Dios levantará de entre tus hermanos un profeta como yo» (Deut. 18:15-18, NVI). Todo el sistema sacrificial era una sombra de Cristo (Col. 2:17; Heb. 8:5; 10:1).

El Antiguo Testamento contiene alrededor de 350 profecías acerca del Mesías venidero cumplidas en Cristo, dadas en más de 4000 años de historia a través de personas de diferentes edades, personalidades y trasfondos. El profeta Isaías, de manera especial, pinta un mosaico del Mesías que se cumple a la perfección en Jesús. ¿Sabes lo que es un mosaico? Es una recolección de imágenes, que a la vez forman un retrato completo. Si te enfocas en una sola imagen de las que lo componen, no podrás entender el sentido del retrato. Más de 120 de estas profecías mesiánicas fueron reveladas a través de Isaías casi 700 años antes del nacimiento de Jesús.

Cristo: prometido desde el Antiguo Testamento

En el Antiguo Testamento encontramos que Dios preparó todo para la venida de Jesús. Esta preparación la vemos en la denuncia del pecado y la promesa de redención. Al denunciar el pecado, Dios les recordaba que tenían que ser santos porque Él es santo (Lev. 19:20). Al anunciar juicio por los pecados del pueblo, Él les revelaba la justicia divina y Su bondad, que no puede dejar el pecado sin castigo (Núm. 14:18). En medio de todos estos anuncios de juicio, la abundancia de mensajes proféticos de amor, restauración, esperanza, reconciliación con Dios y salvación son abrumadores. ¡Son buenas noticias! Como un mosaico que fue pintado cuidadosamente cuya revelación tangible es Cristo.

En Su plan diseñado desde antes de la creación del mundo, Dios reveló Su carácter y Su amor para con el mundo y Él orquesta el cumplimiento de todo en Cristo. Su fidelidad en traer salvación a Su pueblo y cumplir Sus promesas es claramente expuesta en la persona de Jesús.

De hecho, la persona de Cristo se revela en todo el Antiguo Testamento. Hay algunos pasajes que podríamos mencionar, como Génesis 3:15, conocido como el «protoevangelio». Allí, Dios dice a la serpiente: «pondré enemistad entre tú y la mujer, y entre tu simiente y su simiente; él te herirá en la cabeza, y tú lo herirás en el talón». Esto nos apunta a algo que se cumplirá solo en la persona del Mesías.

Cuando Dios se revela a Abraham, Él dice:

> Haré de ti una nación grande y te bendeciré; haré famoso tu nombre, y serás una bendición. Bendeciré a los que te bendigan y maldeciré a los que te maldigan; ¡por medio de ti serán benditas todas las familias de la tierra! (Gén. 12:2-3, NVI).

Esa bendición será hecha posible en todas las familias de la tierra, cuando todas la familias de toda nación, lengua y pueblo puedan ser introducidas como parte del pueblo de Dios. Todos aquellos que pongan su fe en la persona y obra salvadora de Cristo entrarán a esa bendición. Solamente a través de Cristo esta promesa pudo haber sido posible. Con Abraham y sin Cristo esta promesa no se habría cumplido. Necesitamos a Cristo, pues solo en Cristo estas promesas se cumplen. De hecho, ese es precisamente el argumento de Pablo en Gálatas, cuando escribe: «Ahora bien, las promesas se le hicieron a Abraham y a su descendencia. La Escritura no dice: "y a los descendientes", como refiriéndose a muchos, sino: "y a tu descendencia", dando a entender uno solo, que es Cristo» (Gál. 3:16, NVI). Cuando Jacob bendice a cada uno de sus hijos, dice esto sobre Judá (la tribu de donde viene Jesús): «Tú, Judá, serás alabado por tus hermanos; dominarás a tus enemigos, y tus propios hermanos se inclinarán a ti» (Gén. 49:8-12, NVI). Obviamente esto apunta a algo mucho más allá que hermanos carnales, pues dice: «Mi hijo Judá es como un cachorro de león que se ha nutrido de la presa. Se tiende al acecho como león, como leona que nadie se atreve a molestar» (v. 9); y agrega: «El cetro no se apartará de Judá, ni de entre sus pies el bastón de mando, hasta que llegue el verdadero rey» (v. 10a). Posteriormente en la Biblia vemos una y otra vez a Cristo referenciado como el León de la tribu de Judá. De igual manera, Jesús es el verdadero Rey, «quien merece la obediencia de los pueblos» (v. 10b). Este pasaje habla de un reino que se extiende. Cristo es Señor no solo de Israel o de una nación física, sino también de un pueblo espiritual donde hay representantes de toda tribu, lengua y nación. Luego, en el libro de Números, vemos los oráculos de Balaam. Este profeta quiso maldecir al pueblo de Israel, pero Dios lo usó para hablar la verdad y profetizar al pueblo:

> Palabras del que oye las palabras de Dios y conoce el pensamiento del Altísimo; del que contempla la visión del Todopoderoso, del que cae en trance y tiene visiones. Lo veo, pero no ahora; lo contemplo, pero no de cerca. Una estrella saldrá de Jacob; un rey surgirá en Israel. Aplastará las sienes de Moab y el cráneo de los hijos de Set. Edom será conquistado; Seír, su enemigo, será dominado, mientras que Israel hará proezas. De Jacob saldrá un soberano, y destruirá a los sobrevivientes de Ar (24:16-19, NVI).

La predicción de este soberano, esta estrella, este rey, nuevamente apunta al reinado eterno de Cristo. En Deuteronomio 18,
Moisés dice:

> El Señor tu Dios levantará de entre tus hermanos un profeta como
> yo. A él sí lo escucharás. Eso fue lo que le pediste al Señor tu Dios
> en Horeb, el día de la asamblea, cuando dijiste: «No quiero seguir
> escuchando la voz del Señor mi Dios, ni volver a contemplar este
> enorme fuego, no sea que muera». Y me dijo el Señor: «Está bien
> lo que ellos dicen. Por eso levantaré entre sus hermanos un profeta
> como tú; pondré mis palabras en su boca, y él les dirá todo lo que
> yo le mande» (vv. 15-18, NVI).

La oración final de Cristo, en Sus discursos finales antes de la
cruz (Juan 14–17), es uno de los pasajes más bellos que podemos
estudiar de cristología. Aquí, Cristo mismo revela quién es y qué
vino a hacer. Él relata Su obra, Su sacrificio, Su sufrimiento y Su
glorificación, así como el hecho de que vino a glorificar al Padre.
En pocas palabras, Jesús le dice al Padre: «Yo he dicho todo lo que
tú me has mandado, yo he hecho todo lo que tú me diste a hacer».
Es como si Cristo mismo dijera: «Yo he cumplido esta profecía que
fue dada en el libro de Deuteronomio».

Cristo: el Mediador suficiente

Vamos ahora a Job 33. Por cierto, Job es uno de los escritos más
antiguos. Los relatos de este libro sucedieron en el tiempo de los
patriarcas, o sea 2100–2800 antes de Cristo. Job dice:

> Mas si un ángel, uno entre mil, aboga por el hombre y sale en su
> favor, y da constancia de su rectitud; si le tiene compasión y le
> ruega a Dios: «Sálvalo de caer en la tumba, que ya tengo su rescate»,
> entonces el hombre rejuvenece; ¡vuelve a ser como cuando era niño!

Orará a Dios, y él recibirá su favor; verá su rostro y gritará de alegría (vv. 23-26, NVI).

Aquí habla de la necesidad de la raza humana de un Mediador. La humanidad no puede representarse a sí misma, así que debe tener un Representante perfecto. Para que Cristo pudiera hacer lo que hizo, necesitaba ser verdaderamente humano y verdaderamente Dios. Si Cristo hubiera sido solo Dios, no le habría sido posible representar a la raza humana. ¿Por qué? La *raza humana* necesitaba un *representante humano*. Sin embargo, la raza humana sola tampoco habría podido representarse porque nunca habría podido alcanzar el estándar de Dios. Solo alguien 100 % justo podría pagar por pecadores. Pero los pecadores no podían pagar por pecadores, porque nunca podrían pagar su propia deuda. Nunca sería suficiente, y a eso apunta todo ese sistema sacrificial que vemos revelado en el Antiguo Testamento.

Por eso era necesario que Uno perfecto, que cumpliera y viviera como ser humano, fuera completamente Dios también. Y eso es lo que vemos en la persona de Cristo. Él tuvo un cuerpo humano. Nació como un bebé, tuvo hambre, padeció angustia ante la cruz, lloró la muerte de Lázaro, aun cuando Él sabía que lo iba a resucitar. Cristo mostró todos los aspectos de la humanidad. El libro de Hebreos dice que tenemos en Él un sumo sacerdote perfecto, que nos comprende porque sufrió todos nuestros sufrimientos, padeció todo tipo de tentaciones, pero sin pecado (Heb. 4:15). Es ahí donde viene la naturaleza divina. Solamente en Su Deidad junto con Su humanidad Cristo pudo haber vivido esa perfección.

Cristo representó a la raza humana al mostrar una obediencia perfecta, obediencia que la humanidad nunca podrá demostrar a la perfección. Desde Adán y Eva hasta hoy, y hasta el día en que Cristo vuelva, ningún ser humano ha vivido ni vivirá sin pecado. Ningún ser humano puede decir que no peca. Solo Cristo pudo vivir de esa forma y, por eso, nosotros somos justificados delante de Dios, por esa justicia, por ese carácter moral perfecto.

Nosotros, en nuestra propia justicia, no podemos venir delante de Dios. Es la obra de Cristo y es la persona perfecta de Cristo, representándonos a nosotros, lo que nos permite tener acceso al Padre. Nadie más, ningún otro ser humano sería capaz de representarnos. Ni siquiera uno de los profetas, uno de los enviados por Dios para hacer Su obra en momentos específicos, fue capaz. Nadie... solo Cristo. Así que Su sacrificio es un sacrificio representativo. Todo el que pone Su fe en Él está representado en Su muerte y en Su resurrección.

Cristo: el substituto único

El libro con mayor contenido mesiánico que podemos encontrar en la Biblia es el libro de Isaías. Quiero exhortarte a leer el libro de Isaías. Examina capítulos como Isaías 9 e Isaías 53, donde podemos ver una cristología bien pesada y el carácter de Dios revelado en Cristo. Observa la consistencia de la vida de Cristo con esas profecías. ¡Es simplemente maravilloso! Isaías profetizó acerca del nacimiento, obra, muerte y resurrección de Cristo ¡700 años antes!

En Isaías 9:1-2 vemos el ministerio galileo de Cristo, que ni siquiera era una región importante dentro de Israel. Vemos su cumplimiento en Mateo 4:13-16, donde habla de que Cristo inició Su ministerio en la región de Galilea y que fue como Su centro de operaciones. Más adelante, vemos cómo Él, en Su sufrimiento, fue desfigurado, rechazado, y todo el pecado del mundo fue puesto sobre Él. Todo eso está en Isaías 53, una descripción detallada de las narrativas de la crucifixión de los Evangelios. Vemos cómo murió por transgresores, y cómo Él fue contado entre transgresores (Mat. 27:38; Mar.15:27). Vemos incluso detalles de Su entierro y resurrección, cómo sería enterrado en la tumba de un hombre rico (Isa. 53:9), José de Arimatea (Juan 19:38, 42).

Él vino a la tierra y se convirtió en la profecía encarnada y cumplida. ¡Piensa en esto por un momento! El Dios del universo, que creó al ser humano y todo lo que existe, quien planeó la redención del hombre, se hizo hombre. Vino como un bebé, humildemente, para ser la salvación de todos los que ponen su fe en Él. En Su tiempo, Dios *personalmente* se convirtió en la profecía cumplida.

Si Él cumplió todo esto, en este tiempo ¿qué crees difícil o imposible que Dios cumpla? Nada. Cada una de Sus promesas en Su Palabra, al igual que todo lo que Dios ha profetizado y cumplido a través de la historia, también pasará. Cristo regresará. Un nuevo cielo y una nueva tierra serán nuestro hogar con Él. Toda lágrima será enjugada, no habrá enfermedad, ni tristeza, ni muerte. Una vida eterna en Su presencia y en relación con Él nos espera. Él es nuestra más importante profecía cumplida. Él es nuestro tesoro.

Cristo: verdadero hombre, verdadero Dios

Dios preparó el camino para la revelación de Cristo a través de Juan el Bautista (Isa. 40:3-5; Mat. 3:3; Juan 1:19-28) y orquestó el tiempo histórico perfecto para Su venida (Gál. 4:4-5). Cristo nació de una virgen (Isa. 7:14; Luc. 1:26-31). Fue descendiente de la línea de David, preservada por Dios a pesar de la destrucción de Jerusalén y el exilio a Babilonia hasta su retorno al territorio de Israel (Isa. 11:1-10; Luc. 1:32-33; Rom. 15:12). Jesús inició y llevó a cabo Su ministerio en la región de Galilea (Isa. 9:1-2; Mat. 4:13-16). Él sufrió en Su cuerpo físico al punto de ser desfigurado (Isa. 52:14; 53:2; Mat. 26:67; Luc. 22:63; Juan 19:1-3). Él cargó con nuestras culpas, dolores, quebrantos y aun con nuestras enfermedades (Isa. 53:4-5,12; Rom. 4:25; 2 Cor. 5:21; 1 Ped. 2:24-25; Heb. 9:28). El Espíritu Santo estuvo sobre Él (Isa. 11:2; Luc. 3:22; 4:1).

En fin, podemos hacer un estudio completo de todo lo que la Escritura tiene que decir acerca de Cristo. Pero hay dos cosas muy importantes que tenemos que recordar: Cristo no es solo un hacedor de milagros, sino que también es Dios revelado, Dios encarnado que caminó por la tierra sin pecado, Dios que murió por pecadores y resucitó en carne, Dios que está hoy glorificado y será glorificado por la eternidad en cuerpo. Él es el Cordero, Él es el León, el único digno de abrir el libro y de romper los sellos, como narra el libro de Apocalipsis. También es quien será adorado por la eternidad y con quien reinaremos por la eternidad. Por eso, entonces, en Su persona está puesta nuestra esperanza.

¿Crees en el verdadero Cristo?

La misión de Cristo era mucho más que traer sanidad temporal a las dolencias de las personas. Al fin y al cabo, todos los que Él sanó y resucitó en Su ministerio terrenal murieron finalmente. Los que creyeron en Él aún esperan la resurrección final y la glorificación eterna. Es de entenderse que Su misión de salvación era mucho más que algo temporal. Él buscaba obtener la salvación eterna para todos los que creyeran en Él.

El propósito de Sus milagros era confirmar Su mensaje y Su identidad, no solo aliviar el dolor y el sufrimiento temporales. Por eso necesitamos arrepentirnos, ya que al igual que las multitudes no podemos seguir a Cristo solo basados en el milagro que queremos que Él haga. Es como si tu esposo, novio o amiga quisiera tener una relación contigo solo basada en lo que tú puedes hacer. Eso es utilitarismo.

Por otro lado, no sé tú, pero a veces queremos más al Jesús *hippie*, al Jesús pacífico que nos presentan las películas. Nos quedamos con esa imagen y no vemos todo el carácter de Dios revelado en Él. Cuando vemos a Cristo volteando mesas en el templo y reprendiendo a los mercaderes en el templo; cuando lo vemos hablando duramente a los fariseos, nos parece que no es lo mismo. «Cristo es paz y amor. Nunca va a reprendernos, ¡Él no nos va a juzgar!».

Pero si hay algo que vemos es que Cristo juzgará todas las cosas y, de hecho, la Escritura dice que el juicio empezará por la casa de Dios, Cristo nos va a juzgar a ti y a mí (1 Ped. 4:17).

Si has creído en un cristo incorrecto, has creído en un ídolo forjado a tu imagen. Es decir, has creído en lo que tú quieres creer, no en el Cristo que *Él es*. Esto tiene implicaciones directas en nuestra vida cristiana, pues ¿qué es lo que significa el ser cristiano? Reflejar *Su* carácter con *tu* vida. El conocer a Cristo nos hará cambiar la forma en que vemos todo lo demás. El propósito de la vida cristiana no es hacer cosas *per se*; no es qué hago para ser cristiano, sino ser como Cristo. Ser como Él trae gloria al nombre de Dios con todo lo que hacemos, sobre todo en la forma en la cual vivimos. Vivimos siguiéndolo en todo, imitando el ejemplo de Cristo y siendo formados desde nuestro interior hacia el exterior en nuestro comportamiento.

Herejías con respecto a Jesús

Hasta ahora hemos visto varios aspectos cruciales sobre quién es Jesús. Sin embargo, a lo largo de la historia, ha habido diversas malas interpretaciones sobre la persona de Jesús. Me gustaría hablarte sobre algunas de ellas, pues es fundamental que puedas identificar la mala enseñanza que se ha dado sobre Jesús. Pues bien, ¿cuáles son algunas herejías comunes que se han creído sobre Cristo y que incluso se siguen discutiendo hoy en día? Veamos algunas de las más importantes.

1. *Ebionismo y adopcionismo: Jesús es solo hombre*
Una de estas es el ebionismo, una herejía que tuvo lugar en el tiempo de la iglesia primitiva. Esta enseñaba que Cristo era solo un hombre y no era Dios. Otra herejía era el adopcionismo, que enseñaba que Cristo era solo un ser humano y que Dios lo adoptó como Su hijo. ¿Cómo influye todo esto nuestro cristianismo? Bueno, muchas

que se identifican como cristianas han creído indirectamente esto. No ven por qué personas de otras religiones no pueden alcanzar la salvación. No aceptan como algo justo que Cristo sea el único camino de reconciliación con Dios. Pero ambas herejías, y esta clase de pensamientos, reducen la naturaleza y la persona de Cristo. Dios no permite la reducción de Su carácter, no nos permite minimizar quién es Él: Cristo es verdaderamente humano y verdaderamente Dios, al mismo tiempo.

2. *Docetismo: Jesús solo parecía ser hombre*

El docetismo, una de las herejías cristológicas más conocidas, dice que Cristo no fue humano y fue simplemente un espíritu. Muchos docetistas sostenían que, por ejemplo, cuando Cristo murió en la cruz no fue realmente en carne. Así que, realmente no murió, pues no era un cuerpo real, sino una ilusión de su cuerpo que estaba ahí. Esto reduce y minimiza el sufrimiento de Cristo. Cristo sufrió en carne. Sufrió latigazos y humillación al ser mostrado desnudo. Su cuerpo pagó el precio por nuestros pecados. Su sangre humana fue derramada por nuestros pecados. Esta herejía representa un peligro porque minimiza lo que Cristo es y lo que Él hizo por cada uno de nosotros.

3. *Arrianismo: Jesús fue un ser creado*

El arrianismo es otra herejía del tiempo de la iglesia primitiva. Como muchas otras, esta herejía empezó desde líderes de la iglesia y lleva el nombre de su principal proponente. El arrianismo viene de Arrio, quien era un presbítero de la iglesia de Alejandría (una de las principales iglesias en los primeros siglos del cristianismo). Arrio concluía que Jesús era un semidios, un ser creado. Increíblemente esto lo vemos hoy en día en la doctrina de los testigos de Jehová, que rechazan la deidad de Cristo y, por tanto, la Trinidad. Pero la Escritura es clara: «En el principio [...] el Verbo era con Dios, y el Verbo era Dios» (Juan 1:1, RVR1960); es decir, eran uno, eran coexistentes. Cristo fue la Palabra a través de la cual todo fue creado

(Col. 1:16). Cristo no empezó a existir cuando se encarnó, ha sido coexistente en la Trinidad eternamente.

Si alguien intentara reducir a alguien a quien yo amo, me enojaría y saldría en su defensa. Pero para esto tengo que conocer a esta persona de cerca. De igual manera, nosotros como creyentes no vamos a defender la fe, si no conocemos a Cristo lo suficiente. Y, amiga, este es justamente el propósito de lo que estamos discutiendo aquí.

La doctrina de Cristo y mi vida

La última pregunta que tendríamos que responder es: ¿cómo afecta la cristología mi vida cristiana? ¡La afecta mucho! Cristo va a ser tan grande en tu vida en la medida de tu conocimiento de Él. Si lo reduces a solo un maestro, entonces solo buscarás aprender acerca de lo que enseña. Pero Cristo también es Señor. Gobierna sobre todas las cosas. Si tú te llamas cristiana, Cristo debe gobernar tu vida, tus decisiones. Cristo gobierna sobre si decides casarte, con quién decides casarte, cómo vas a educar a tus hijos y cómo vas a vivir en este mundo corrupto. ¿Vas a vivir de una manera que honre el nombre de Cristo o vas a vivir como tú quieres porque, para ti, Cristo es solo un maestro que te da buenas sugerencias? Cristo, el Cristo de la Biblia, no es solo un maestro. Él es Dios y, por eso, merece obediencia en todo lo que diga que tenemos que hacer y todo lo que tenemos que ser. Tenemos que vivir para eso.

Como creyentes, no estamos para vivir solamente como «niñas buenas» o como «mujeres morales». Estamos hechas con propósito para que nuestra vida traiga gloria a Cristo. La única forma de traer gloria a Cristo es imitando Su vida, caminando como Él, siendo como Él. Nuestros afectos deben ser transformados en esencia, ya no siendo esclavas al pecado sino caminando en la libertad que Cristo obtuvo para nosotras (Gál. 5:1). Entonces, hermanas, debemos ver a Cristo más grande, evaluar cómo hemos minimizado Su obra, Su persona, lo que Él ha hecho en nuestras vidas. ¿Para qué?

Para amarlo, seguirlo, honrarlo y vivir por Él, tal como Él vivió. Él espera que podamos caminar tras Sus pisadas (1 Ped. 2:21).

¿En qué área de tu vida aún disputas el derecho de Jesús para que tus opiniones, deseos, afectos y acciones se sometan a Su voluntad? Jesús nos advierte que muchos lo llamarían «Señor» y aun harían muchas cosas en Su nombre, pero Él negará conocerlos (Mat. 7:22-24). Las cosas que hacemos para Cristo y en Su nombre no son prueba de Su aprobación. En el mejor de los casos, son prueba de Su misericordia, y en el peor, de que somos víctimas del engañador que es contrario al reino y la obra de Jesús. Necesitamos examinar nuestras vidas y adorarle con nuestra sumisión. Debemos vivir como Él vivió y amar como Él nos amó, no buscando fama sino *solo Su gloria* (Juan 17:24; Heb. 1:3). Cristo es digno.

Y miré, y oí la voz de muchos ángeles alrededor del trono y *de* los seres vivientes y *de* los ancianos. El número de ellos era miríadas de miríadas, y millares de millares, que decían a gran voz: «El Cordero que fue inmolado es digno de recibir el poder, las riquezas, la sabiduría, la fortaleza, el honor, la gloria y la alabanza». Y oí decir a toda cosa creada que está en el cielo, sobre la tierra, debajo de la tierra y en el mar, y a todas las cosas que en ellos *hay*: «Al que está sentado en el trono, y al Cordero, *sea* la alabanza, la honra, la gloria y el dominio por los siglos de los siglos». Los cuatro seres vivientes decían: «Amén», y los ancianos se postraron y adoraron (Apoc. 5:11-14).

Oración:

«Cristo Jesús, gracias porque por tu vida, muerte y resurrección yo recibo la salvación que es por gracia por medio de la fe. Ayúdame a verte en toda la Escritura y no solo como muchos te hemos conocido, limitándome a lo que dicen los Evangelios y a lo que he escuchado sobre tus milagros más conocidos».

CAPÍTULO 4

Neumatología

Hay una fuerte discusión en la iglesia latinoamericana sobre la obra del Espíritu Santo. Esta discusión forma «tribus» y un «muro de Berlín» entre los creyentes. El muro se levanta entre cesacionistas y continuistas (estos términos teológicos explican si se cree en que los dones milagrosos siguen vigentes el día de hoy o no). Los de trasfondo pentecostal, como en el que me crie, hemos secuestrado y casi patentado al Espíritu Santo. A mi corta edad, yo entendía que los que no veían la obra del Espíritu Santo de la misma forma que yo, no tenían al Espíritu Santo. Pero la realidad es que esto no es verdad. Todo creyente ha sido sellado con el Espíritu de verdad. Cristo dijo que nos enviaría un Consolador (Juan 16:7), y esa promesa fue para todos Sus seguidores.

En la primaria, asistía a un colegio bautista. Pero yo crecí en una iglesia carismática neopentecostal. Ya te imaginas las discusiones que tenía con mis compañeritos bautistas. A mí me encantaba la Biblia y era muy apasionada en mis opiniones (aún lo sigo siendo). Recuerdo decirles a mis hermanos bautistas en mi adolescencia: «Es que nosotros los pentecostales sí tenemos al Espíritu Santo y ustedes no». A mis trece años, estaba llena de opiniones, juicios y prejuicios. Si somos sinceras, todas de alguna manera lo estamos. Pasé 20 años en una iglesia neopentecostal, neocarismática, y desde hace 18 años me congrego en una iglesia bautista. A lo largo de este tiempo, he podido ver un amplio espectro de creencias acerca del Espíritu Santo y también he podido oír la Palabra para llegar a mis propias conclusiones. Tengo amigos y amados hermanos en ambos extremos de estas creencias. Con todo, lo que queremos ver es qué dice la Palabra acerca del Espíritu Santo.

Somos uno en el Espíritu

La Escritura enfatiza que el Espíritu une a la iglesia. La unidad en el Espíritu es una característica indivisible de los cristianos, queramos abrazarla o no. Dios, a través del Espíritu, siempre ha reunido a aquellos que Él identifica como Suyos (Isa. 34:16; Ef. 4:1-3). Los apóstoles testificaron que el Señor no hizo diferencia entre los creyentes gentiles y judíos, sino que a todos les dio por igual al Espíritu Santo (Hech. 15:8; 1 Cor. 12:4). Hay unidad aun en medio de la diversidad. Y esto es un tema serio y relevante para Dios. ¿Cómo es posible que estemos divididos por discutir sobre la persona que nos ha hecho uno?

El malentendido es consecuencia de un problema más profundo: una mala comprensión de la *persona* del Espíritu Santo. El Espíritu es muchísimo más que los milagros o dones. Él es la tercera persona de la Trinidad. Él coexiste eternamente en Su naturaleza trinitaria porque es Dios.

Al Espíritu Santo generalmente lo encontramos con «apellido». Por ejemplo, el Espíritu «de verdad», el Espíritu «de Dios», el Espíritu «Santo» o, cuando se refiere solo al «Espíritu», está en contexto con otra persona de la Trinidad. En Su mismo nombre, vemos que es un espíritu; es decir, no tiene forma corpórea. El bautismo de Jesús es una excepción única, pues dice que «descendió en forma de paloma» (Luc. 3:22). El «apellido» Santo, por su repetición, nos apunta al único atributo enfatizado con el que Dios se identifica: «Santo, Santo, Santo» (Isa. 6:3; Apoc. 4:8).

Los creyentes en Latinoamérica deberíamos arrepentirnos de minimizar la identidad de la tercera persona de la Trinidad únicamente a lo que *hace*. Eso se convierte en utilitarismo. Cuando hacemos eso, valoramos al Espíritu Santo por lo que hace y no por quien Él es. Reducimos nuestra relación con Dios el Espíritu a Su obra, más que a Su persona.

El Espíritu desde el principio

Muchas reducimos la persona del Espíritu a alguien similar a un Santa Claus, quien está regalando dones a quienes se lo pidan. ¡Pero el Espíritu Santo es más que un dador de poder! Los discípulos recibirían poder para predicar el evangelio, pero no sería lo único que el Espíritu Santo sería para ellos. Eso es solo una parte de Su obra y Su carácter. Él no es nuestro entrenador personal, a quien le damos órdenes o a quien accedemos cuando queremos poder. Dios no está para ser nuestro animador, sino *nuestro Dios*. Nosotros servimos a Dios, nosotros estamos a Su servicio y voluntad, no al revés. Volveremos a este punto más adelante.

Quitando el énfasis al asunto de los dones, el tema que queremos tratar aquí es analizar más lo que hemos creído en cuanto a la persona del Espíritu Santo. El Espíritu Santo es la tercera persona de la Trinidad. La primera aparición del Espíritu Santo está en el capítulo 1 de Génesis: «Y el Espíritu de Dios [el *ruah* de Dios] se movía sobre la faz de las aguas» (v. 2, RVR1960).

Hay dos palabras que se utilizan en la Biblia para referirse al Espíritu de Dios. Una es hebrea (el idioma en que está escrito la mayoría del Antiguo Testamento): la palabra *ruah*. Del otro lado, tenemos la palabra griega *pneuma* (de ahí viene el nombre de la doctrina del Espíritu Santo: neumatología).

Según Génesis 1:1-2, el Espíritu Santo es Dios. Él es el cocreador. Estuvo presente en la creación con el Padre y con el Hijo. El Espíritu de Dios se movía sobre las aguas cuando la tierra aún estaba desordenada (v. 2). Cuando Dios crea al hombre dice: «Hagamos» (v. 26). El Espíritu, como una persona de la Trinidad, estaba presente.

Dios es uno en deidad, y es tres personas distintas con actividades distintas, pero un solo Dios. Esto es importante porque quiere decir que los atributos que tiene el Padre, los tiene el Hijo y también los tiene el Espíritu Santo. Varias herejías antiguas decían que, como ellos son tres personas, solo tenían poder cuando se juntaban. No, no es así. Dios Padre, Dios Hijo y Dios Espíritu Santo están completos, pero son un solo Dios. Son tres personas distintas, pero con los mismos atributos. En la Biblia, nunca vemos la oración o la adoración dirigida a la persona del Espíritu Santo. Siempre vemos que el Espíritu Santo apunta a la obra y persona de Jesús.

Los atributos de Dios el Espíritu

Nadie ha visto a Dios. Dios se ha manifestado de diferentes maneras en la historia redentora, pero no Dios en Su esencia. Nadie ha visto a Dios en todo Su esplendor. Así como el Padre es invisible, Cristo también lo es (fuera de Su tiempo encarnado en la tierra), pues hoy en día no podemos verlo. Y aunque Cristo sí tiene un cuerpo, porque después de encarnarse Él obtuvo un cuerpo y lo preserva, no es igual al cuerpo que tenemos nosotros. El Espíritu también es invisible.

En Génesis 1:2, como dijimos, el Espíritu estuvo involucrado en la creación. Esto quiere decir que el Espíritu Santo también es eterno, así como el Padre y el Hijo. Las tres personas de la Trinidad estuvieron juntas desde el principio, actuando en toda la creación.

El Espíritu Santo también es omnisciente. Él escudriña los corazones y revela las intenciones del corazón. Proverbios 20:27

habla de la palabra inspirada por el Espíritu, y esa palabra escudriña a los hombres. Así que vemos la actuación del Espíritu Santo no solamente en el Nuevo Testamento, sino también desde principio de la creación. Él estuvo activo todo el tiempo a través del Antiguo Testamento.

La obra del Espíritu

En el libro de Éxodo, el Espíritu Santo llenó a algunos de los artistas para el diseño y la construcción del tabernáculo. Luego, en Jueces, el Espíritu venía sobre hombres y mujeres para usarlos como instrumentos de liberación para Su pueblo. También vemos la obra del Espíritu Santo en la vida de los reyes de Israel. En dos ocasiones, el Espíritu Santo vino sobre Samuel, él fue al rey Saúl y le profetizó Palabra de Dios. Sin embargo, más adelante, otro espíritu maligno (que no es el Espíritu de Dios) lo atormentaba.

Así que vemos la obra del Espíritu Santo cuando venía sobre alguien y lo usaba. Sin embargo, la diferencia entre la actividad del Espíritu Santo en el Antiguo y el Nuevo Testamento es que en el Nuevo, Dios cumple todo el plan de redención, y Juan 14:16 nos da una promesa: Él enviaría otro Consolador. En griego, la palabra «otro» es *al'lon*, que significa otro de la misma sustancia. Eso quiere decir que es otra persona de la misma esencia de la persona que lo envía. Esto es nuevamente una afirmación de cómo el Espíritu Santo tiene todos los atributos de la Trinidad, todos los atributos de Dios. Entonces podemos concluir una vez más que el Espíritu Santo es Dios.

Por tanto, muchas de las discusiones sobre el Espíritu Santo se deben solo a la falta de entendimiento, de escudriñar con detenimiento las verdades reflejadas en la Escritura.

El Espíritu: el acompañante que necesitamos

Un problema frecuente es cuando se reduce a las personas de la Trinidad a personas que existen para nuestro servicio. Esta es una perspectiva antropocéntrica, donde nosotros somos el centro. Pero la realidad es que el ser humano fue creado para Dios, no Dios para el ser humano, porque Dios no fue creado.

Entonces debemos entender que, si bien el Espíritu está para ayudarnos, está para ayudarnos a traer gloria al Hijo y al Padre, no para traernos gloria a nosotros. De modo que cualquier persona que quiera utilizar los dones, si realmente tiene dones dados por el Espíritu Santo, ellos son un regalo y, por lo tanto, deben usarse para Su gloria. Si tú tienes un don y yo tengo otro, y nuestros dones son distintos, nuestros ministerios son distintos. ¿Por qué gloriarme? A ambos, a ti y a mí, nos han sido dados como dones y no para beneficio propio, sino para traer gloria a Dios.

Necesitamos humildad a la hora de hablar acerca de la obra del Espíritu Santo, porque el Espíritu Santo vino para acompañarnos. La palabra «Consolador» que se usa en Juan 14 (en griego: *parakletos*) es una palabra que significa «intercesor», «abogado» o «acompañante». Es realmente hermoso ver y saber que Dios mismo está acompañándonos, pero no a nuestro lado, sino viviendo *dentro* de nosotros.

El Espíritu en el creyente

Lo hablábamos en el capítulo de cristología y quiero enfatizarlo ahora: la persona del Espíritu Santo no puede ser reducida a los dones del Espíritu. Eso sería como decir que yo soy solo una maestra de Biblia. ¡No! Yo soy más que una maestra; yo soy hija, esposa, soy apasionada, extrovertida (aunque también me gusta pasar tiempo sola). Hay tantas aristas acerca de cómo soy que decir que soy solo una maestra de Biblia es reducir mucho mi persona.

Recordemos: el Espíritu Santo es Dios. Es una belleza saber que Dios mismo ha venido para habitar en seres humanos pecadores y es justamente esa una de las obras más importantes que Él hace en nosotros.

La Palabra nos enseña que el Espíritu Santo vino para convencer de pecado, de justicia y de juicio (Juan 16:8-11). El trabajo del Espíritu Santo empieza desde antes de la conversión. Él es ese acompañamiento, ese consejo que te dice: «Escucha. Reacciona al evangelio. Mira tu vida de pecado. Tienes que arrepentirte». Esa es la voz del Espíritu Santo a la cual debemos de escuchar. Hermana, nota esto, Su obra no es solo para la conversión. El Espíritu Santo está para que, cada vez que pequemos, tengamos esa convicción de pecado, para recordarnos que Dios no nos redimió para vivir en yugo de esclavitud, sino para vivir en la libertad de Cristo. Esta es la obra del Espíritu Santo. Esa certidumbre es obra del Espíritu Santo.

El testimonio del Espíritu

El Espíritu Santo también da testimonio de Cristo. Él trae esa fe que necesitamos para nuestra salvación. Recordemos que nuestra salvación nos es imputada por la fe en Cristo, en Su sacrificio, en Su obra y en Su perfección. El Espíritu Santo trae esa fe a nuestros corazones. No es una fe propia, Él hace que esa fe surja en nuestros corazones y nos ayuda a creer. Por tanto, es un regalo desde el primer momento en que podemos abrir nuestros ojos y darnos cuenta de nuestra realidad de pecadores. Si no lo habías notado, es desde ese momento que el Espíritu Santo te ha estado hablando y ha estado guiando tu vida. Al reconocer que ha sido obra del Espíritu Santo, y no nuestra, vemos el porqué de las palabras de Pablo:

> Para que en nosotros aprendan a no sobrepasar lo que está escrito, para que ninguno de ustedes se vuelva arrogante a favor del uno contra el otro. Porque ¿quién te distingue? ¿Qué tienes que no recibiste?

Y si lo recibiste, ¿por qué te jactas como si no lo hubieras recibido? (1 Cor. 4:6-7).

El Espíritu Santo es un don de Dios recibido por cada uno de nosotros, y no tenemos ninguna capacidad propia para jactarnos de lo que logramos. También, la acción de tener un nuevo corazón en nosotros es una obra del Espíritu Santo y es sumamente importante que podamos reconocer esto.

El Espíritu Santo es testigo de Cristo (1 Jn. 5:7). Él es el «Espíritu de verdad» (Juan 15:26), uno de Sus nombres que más vemos en la Palabra. Este es otro indicador de la unidad trinitaria entre Cristo y el Espíritu. ¿Qué dice Cristo justo antes de introducir a la persona del Espíritu Santo? Cristo dice: «Yo soy el camino, *la verdad* y la vida» (Juan 14:6, NVI, énfasis añadido). La esencia de la verdad, que es Cristo, es la misma esencia del Espíritu Santo.

El Espíritu: una persona

Una de las razones por las cuales el Espíritu Santo es una persona y no una fuerza es que tiene las características de una persona (ojo: persona y humano no es lo mismo; el Espíritu es una persona, no un humano). Ya hemos visto varias de Sus características de personalidad. Ahora veamos otra importante. El Espíritu Santo también tiene afectos y puede ser afligido. Puede ser afligido cuando vivimos en un pecado no confesado, y cuando no mostramos arrepentimiento a ese pecado. El Salmo 51 fue escrito por el rey David, posterior a su pecado con Betsabé y el asesinato de su esposo. Cuando es confrontado por el profeta Natán, cae en convicción de pecado y escribe este salmo. En el versículo 11, le pide a Dios: «No me eches de Tu presencia, y no quites de mí Tu Santo Espíritu». Ahora, la obra del Espíritu en el Antiguo y el Nuevo Testamento es que una vez que Él nos ha sido dado, habita en nuestros corazones y no puede ser quitado. Dicho de manera sencilla, es parte de la seguridad que el creyente tiene hasta el día de juicio, porque el Espíritu Santo perfecciona la obra de Cristo en nuestras vidas hasta presentarnos completos en Dios.

El Espíritu y Su llenura

La obra del Espíritu siempre está muy ligada a la Palabra. Cuando estudiamos muchos de los mandatos en el Nuevo Testamento, vemos que aquellos ligados a permanecer en la Palabra son mandatos que están relacionados a permanecer en el Espíritu (Ef. 5:18-20; Col. 3:16-17). La llenura del Espíritu Santo es un caminar constante en obediencia, escuchando, obedeciendo y guardando los mandamientos de Dios, pero siendo fortalecidos por el Espíritu Santo para hacerlo. Creo que es una mala interpretación pensar simplemente que la llenura del Espíritu Santo es solo para hacer algo para Dios. Recordemos que somos más que nuestra misión, así como Dios es más que lo que Él hace.

Dios nos ha llamado a ser santos, a ser hechos a la imagen de Cristo. Solo el Espíritu Santo puede hacer ese trabajo en nuestros corazones, a medida que nos sometemos a Él y Él nos llena. Todo creyente está sellado con el Espíritu Santo, todo creyente tiene al Espíritu Santo y eso se nos ha garantizado. No hay creyentes sin el Espíritu Santo. En la Biblia hay dos excepciones a esto, una es en el caso de los samaritanos y la otra un grupo de creyentes en el libro de Hechos. Este último grupo había venido a Cristo, pero el texto dice que no habían recibido el bautismo del Espíritu Santo.

Todo creyente tiene el sello, la aprobación y la verificación del Espíritu Santo para identificarse como hijo de Dios. El Espíritu Santo gime con gemidos indecibles, nos dice y confirma nuestra adopción en Dios, diciendo «Abba Padre» en nosotros. El Espíritu Santo sella el ser hijos de Dios. Es una seguridad que obtenemos del Espíritu Santo.

Pero Él puede ser afligido cuando nos negamos a arrepentirnos y cuando decidimos vivir no en la llenura del Él, sino sometidos a la esclavitud de un pecado o hábito pecaminoso. En Isaías 63:10 leemos: «Pero ellos se rebelaron y afligieron Su Santo Espíritu; por lo cual Él se convirtió en su enemigo y peleó contra ellos». ¡Dios peleó contra Su propio pueblo porque afligieron al Espíritu Santo! Esto es un llamado de atención para reverenciar al Dios en que creemos, al reverenciar al Espíritu. Debemos darle importancia al Espíritu Santo en nuestra vida personal y en nuestra vida de iglesia. Hay un aspecto vital en la neumatología y es parte del nombre de esta persona de la Trinidad: Él es «Santo».

El Espíritu que nos santifica

La santidad en el cristiano es obra del Espíritu Santo. Esto es a lo que somos llamados: a caminar con el Espíritu. Necesitamos dejar a un lado nuestros patrones de pecado, y el Espíritu Santo nos da el poder para decir que no al pecado. Un incrédulo no tiene la opción de no pecar. No puede decir: «No voy a vivir una vida de pecado» y cumplirlo, porque no tiene el poder del Espíritu Santo dentro suyo.

La diferencia entre un cristiano y un incrédulo no es que el cristiano nunca peca, sino que el cristiano tiene el freno, la guía, el consejo, el redargüir del Espíritu Santo en su corazón, que le dice: «Has pecado. Tienes que arrepentirte». No nos permite someternos a ese yugo de esclavitud al que a veces nuestra carne nos llama.

¡Somos uno en el Espíritu!

Estos son algunos de los aspectos generales a los que he querido apuntar acerca del Espíritu Santo. Y lo que quiero enfatizar es que si todos hemos sido bautizados en el Espíritu Santo (1 Cor. 12:13), entonces no hay razón para estar divididos. ¿Por qué discutir acerca de la misma persona que nos ha unido? Esto no tiene sentido. Creo que es algo por lo que la iglesia tiene que arrepentirse. Tenemos que arrepentirnos de minimizar la obra y la persona del Espíritu Santo.

Tenemos que arrepentirnos de usar al Espíritu Santo para dividirnos como Iglesia de Cristo.

Realmente es algo que creo que debe llenar nuestros corazones. Hay mucho que estudiar. Hay cientos de libros dedicados solo al estudio de la persona del Espíritu Santo. De hecho, te recomiendo hacer un estudio desde Génesis hasta Apocalipsis acerca del Espíritu Santo, y mirar cada vez que salga el Espíritu en contexto. Algunas veces, verás hablar al espíritu del hombre, que es realmente donde reside la emoción, la voluntad del hombre. Ese no es el Espíritu de Dios. Están también los espíritus malignos, quienes tampoco son el Espíritu de Dios. No obstante, te resultará muy enriquecedor conocer toda la obra del Espíritu Santo.

Pero no hagas un estudio sacando pasajes fuera de contexto o tratando de justificar tus posiciones. Ve con humildad delante del Señor y dile: «Señor, muéstrame qué es lo que yo he creído acerca de esta doctrina y qué dice tu Palabra acerca de ella?». Que Dios nos ayude a que, a través de buscar ser llenas de Su Espíritu, de vivir en obediencia y de someternos a Él, podamos ser cada día más completas y formadas a la imagen de Cristo, nuestro Redentor.

CAPÍTULO 5

La Trinidad:
un Dios, tres personas

¿Te has preguntado alguna vez qué es la Trinidad y por qué es importante? ¿Qué debes creer al respecto? ¿Sabías que los cristianos fueron acusados por los judíos de ser politeístas? ¿Cómo están relacionadas las tres personas de la Trinidad? ¿Quién es cada una? ¿Qué caracteriza a cada una de ellas? ¿Son lo mismo? ¿Están separadas? ¿Hay igualdades? ¿Hay diferencias?

Son muchas las preguntas que surgen al hablar de la Trinidad, y de hecho las mismas preguntas las tenía el mundo grecorromano en el primer siglo. ¿Por qué en el primer siglo? Porque en esa época se reveló y vivió Cristo, la segunda persona de la Trinidad. En este tiempo, la fe cristiana empezó a crecer en el Imperio romano, y una de las principales acusaciones contra el cristianismo fue que era una fe politeísta, en contraste a la fe judía tradicional que era monoteísta. Esto se debió a un mal entendimiento, pues pensaban que los cristianos creían en tres dioses.

La Trinidad ¿está en la Biblia?

La palabra «Trinidad» no aparece en la Biblia. Sin embargo, esto no quiere decir que no es bíblica. La palabra se ha acuñado para resumir lo que creemos acerca de la relación de las tres personas de Dios, reveladas en la Biblia como el Padre, el Hijo y el Espíritu Santo.

Si la palabra «Trinidad» no se encuentra en mi Biblia, ¿de dónde sale esta idea? ¿Por qué la iglesia cristiana ha defendido tan vehementemente la doctrina de la Trinidad? Un estudio de Juan 14-17 revela mucho de cómo Dios Hijo se expresa y lo que revela acerca de Su relación intratrinitaria (dentro de la Trinidad). Es decir, leer esta porción y algunas otras (como Gén. 1:26-28) es ser testigos de algunas de las declaraciones más claras de la relación entre las personas de la Trinidad. Pero la doctrina de la Trinidad se encuentra por toda la Biblia. En otras palabras, es una doctrina sumamente bíblica. Esa es la razón por la cual enseñamos y defendemos esta doctrina: porque está en la Biblia. Así que analicemos algunas de las cosas que las Escrituras enseñan sobre la Trinidad.

Por cierto, muchas creyentes luchan con la idea de que Dios se ama a sí mismo más que a nosotros. Unas lo creemos porque no lo hemos pensado mucho, otras porque han sido mal instruidas sobre lo que es el verdadero amor. El hecho de que Dios se ame a sí mismo más que a cualquier otra cosa no quiere decir que Su amor por nosotros sea menos o incompleto. Dios no puede hacer nada que no sea perfecto. Él ama perfectamente. Él juzga perfectamente. Su santidad define y expresa Su perfección.

1. Dios es uno

Dios es uno. Eso es lo que la Biblia revela. La Escritura dice que el Dios de Israel «uno es» (Deut. 6:4; comp. Mar. 12:29). Cristo enfatiza en Su vida de oración y mandamientos a Dios como a uno. Él dijo: «Yo y el Padre uno somos» (Juan 10:30, RVR1960). Jesús no nos ordena que amemos a tres personas separadas, ni que se ore a tres personas separadas. Él mandó a orar en Su nombre y orar en Su nombre es suficiente. De igual forma, Él instruyó la obediencia al Padre, a seguirlo a Él y la promesa del Espíritu Santo.

Por lo tanto, el Dios bíblico es un Dios, y no tres dioses. Todo creyente tiene habitando en su vida al Padre, al Hijo, y al Espíritu Santo (ver Juan 14:17; 23); y, por tanto, a Dios plenamente. Esto es vital para entender y crecer en nuestra santificación. No es una parte de Dios la que nos capacita a ser santos. Es Dios mismo.

2. Dios es tres

Al mismo tiempo, la Escritura afirma que Dios es tres. Por ejemplo, nota como en Mateo 28:19 dice «en el nombre» y no «en los nombres»: «Por tanto, id, y haced discípulos a todas las naciones, bautizándolos *en el nombre* del Padre, y del Hijo, y del Espíritu Santo» (Mateo 28:19, RVR1960, énfasis agregado). Nota como el apóstol Pablo, de la misma manera, hace referencia a la Trinidad: «La gracia del Señor Jesucristo, el amor de Dios, y la comunión del Espíritu Santo sean con todos vosotros. Amén» (2 Cor. 13:14, RVR1960). Pedro afirma: «elegidos según la presciencia de Dios Padre en santificación del Espíritu, para obedecer y ser rociados con la sangre de Jesucristo: Gracia y paz os sean multiplicadas» (1 Ped. 1:2, RVR1960; ver también 1 Cor. 12:4-6, Ef. 4:4-6).

Así que para conocer y reconocer al Dios de la Biblia, es necesario verlo como el Dios trino. Negar este misterio, basadas en que no es tan fácilmente comprensible, es negar la revelación de la Palabra de Dios. El hecho de que no entendamos algo no se constituye una excusa ni un derecho para negar una doctrina que es un pilar de nuestra fe, claramente revelada en Su Palabra. Conocer a Dios completamente es conocer la Trinidad.

El actuar de Dios

A través de toda la historia bíblica vemos las tres personas de la Trinidad en acción: Dios envía al Hijo en el Espíritu Santo (Isa. 48:16; Hech. 10:38); el Hijo de Dios fue declarado como tal por Dios Padre en el poder del Espíritu Santo (Rom. 1:4); los cristianos somos lavados, santificados y justificados en Cristo y en el Espíritu Santo por Dios Padre (1 Cor. 6:11); las tres personas de la Trinidad declaran nuestra adopción como hijos (Gál. 4:6); para el conocimiento de Dios necesitamos el conocimiento de las tres personas de la Trinidad (Ef. 1:17); fuimos hechos habitación de Dios (Gál. 2:20); el acceso de nosotros como creyentes a Dios es un acceso concedido en la Trinidad (Ef. 2:18; Heb. 9:14).

Los cristianos adoramos al Dios trino. Es imprescindible que sepamos que la fe cristiana histórica ha creído que Dios es uno, en tres personas con la misma esencia. Dios no está formado por tres partes que lo componen y lo hacen completo. Cada una de las personas de la Trinidad es completamente Dios. La voluntad de Dios no son tres voluntades poniéndose de acuerdo. Es un solo Dios con una misma naturaleza.

¿Esto suena a una contradicción? Una contradicción es cuando decimos que la misma pera es roja y también es azul. Allí estamos confirmando exactamente lo opuesto en una misma cosa. La Trinidad es una paradoja, pero no una contradicción. Sería contradicción si dijéramos, por ejemplo: «Dios es una persona y Dios es tres personas». También lo sería si afirmáramos: «Dios es un Dios y tres Dioses». Al afirmar la Trinidad, solo afirmamos lo que Dios dice acerca de sí mismo: Dios es uno (Deut. 6:4) y Dios es tres (Mat. 28:19; Gál. 4:6).

¿Cómo explico la Trinidad?

Existe un diagrama antiguo acerca de la Trinidad. ¿Qué explica este diagrama? Tenemos al Padre, al Hijo y al Espíritu Santo. Dios en el centro, y lo que dice es: el Padre es Dios, el Hijo es Dios, el Espíritu Santo es Dios. Esto es lo que la fe cristiana ortodoxa no influenciada por las herejías ha creído desde siempre. Ahora bien, también creemos que el Padre, el Hijo y el Espíritu Santo son Dios, pero al mismo tiempo el Padre no es el Hijo, son dos personas distintas. El Padre tampoco es el Espíritu Santo, y el Espíritu Santo no es el Padre ni el Hijo. Hay una distinción entre cada persona, incluyendo las funciones de cada una de estas tres personas. Al mismo tiempo, hay cosas comunes que comparten entre ellas, siendo la más importante que las tres personas de la Trinidad son Dios. ¡Los cristianos adoramos a un solo Dios! Adoramos a un solo Dios que existe en tres personas distintas y es importante que nosotros podamos hacer bien esta diferencia. Así que podemos afirmar ciertas cosas sobre la Trinidad, aunque no podamos explicarla por completo.

Pluralidad y unidad

Ahora bien, ¿qué características vemos en el Padre, en el Hijo y en el Espíritu Santo? Vemos a través de toda la Palabra que son la misma esencia (Heb. 1:3). Por tanto, tienen los mismos atributos. El Padre es eterno (Sal. 92:2), el Hijo es eterno (Juan 1:2; Apoc. 11:8-17), y el Espíritu es eterno (Heb. 9:14). Acerca de la omnipresencia, el Padre es omnipresente (Jer. 23:24), el Hijo es omnipresente (Mat. 18:20) y también el Espíritu Santo es omnipresente (Sal. 139:7). Cada uno de los atributos de Dios, en las tres personas de la Trinidad, están revelados a través del Antiguo y Nuevo Testamento. Esto es maravilloso y, al mismo tiempo, vemos que tienen igualdad en esencia, pero roles distintos. Vemos que cada uno tuvo una parte distinta, un rol distinto, en el mismo evento.

Esa pluralidad y unidad de personas de la Trinidad la vemos desde el libro de Génesis. En la creación vemos a cada una de las personas de la Trinidad. Leemos en el Salmo 102:25 que el Padre afirmó la tierra. El Hijo fue el medio por el cual todas las cosas fueron creadas (Col. 1:16). Y el Espíritu Santo se movía sobre las aguas en la creación (Gén. 1:2). Génesis 1:1 dice: «En el principio creó Dios» (RVR1960). La palabra para Dios es «elohim», que es un nombre que se usa para Dios pero tiene una forma plural, lo que se llama «el plural de majestad». Por eso, cuando leemos en Génesis 1:26-27, vemos que dice: «hagamos al hombre a nuestra imagen, conforme a nuestra semejanza» (RVR1960). Observa los plurales utilizados porque, aunque el Creador es uno, son las tres personas de la Trinidad involucradas en esa creación. ¡Grande es este misterio! Sin embargo, vemos su evidencia incluso al comienzo de la Palabra.

En la muerte de Cristo vemos reflejado el rol de cada una de las personas de la Trinidad. En la cruz no murieron el Padre y el Espíritu Santo, sino el Hijo encarnado. Al mismo tiempo, los tres estaban presentes, diferenciándose en lo que hacía cada uno. Entonces, esto un aspecto importante. La Biblia es muy clara en permitirnos ver la realidad de las operaciones de la Trinidad, aunque no conocemos y entendemos todo.

Pero sí sabemos varias cosas que la Biblia deja muy claras. El libro de Éxodo, en los Diez Mandamientos, nos muestra con claridad que, porque Dios es uno, no permite la adoración de otros dioses. Vemos también que cada una de las personas de la Trinidad es Dios, revelado a través de todo el relato bíblico (por ejemplo, lo que mencionamos sobre Dios Padre, Dios Hijo y Dios el Espíritu como la verdad). Vemos que las tres personas de la Trinidad coexisten y son divinas, cada una es 100 % Dios. Vemos la unidad de Dios, la existencia de tres personas y la operación de las tres personas. Y vemos que esa unidad ha sido eterna. El Hijo no fue creado por el Padre, ni el Espíritu creado por el Hijo. Ninguno de los tres fue creado por ninguno de los demás. Los tres han sido eternamente coexistentes.

Ilustraciones, herejías y errores

Todos hemos estado presentes en una bien intencionada ilustración de la Trinidad. Sin embargo, ninguna ilustración, sobre todo las más usadas, ilustra correctamente la Trinidad. Nota que no dije «perfectamente», ya que la Palabra nos manda a ser obreros aprobados que con diligencia manejemos *correctamente* la Palabra (2 Tim. 2:15). Todas las ilustraciones comunes de la Trinidad no solo se quedan cortas, sino que además pueden llevarnos a abrazar herejías antiguas.

Estas son algunas de las ilustraciones más comunes sobre la Trinidad: un trébol de tres hojas, los componentes de un huevo, el agua en sus distintos estados o una persona con distintos roles (abuelo, padre, hijo). Pero, tristemente, cada una de estas ilustraciones se asemeja a algunas de las herejías más comunes de la Trinidad a través de la historia, contra las cuales los apóstoles y padres de la Iglesia enseñaron enfáticamente. La palabra «herejía» puede escucharse fuerte. Sin embargo, peor son las consecuencias de creer en ellas o de usarlas. Veamos tres equivocaciones sobre la Trinidad que se han enseñado a través de la historia.

1. Sabelianismo

El sabelianismo (llamado así por un teólogo del siglo III llamado Sabelio) es una herejía que enseña que el Padre estaba en el Antiguo Testamento, el Hijo actuó en el Nuevo Testamento y el Espíritu Santo es quien está actuando en el presente. Esto es el modalismo, donde hay diferentes «modos». Dios se refleja en distintos modos, aun en épocas diferentes. Pero no tienen la misma Deidad, no tienen la misma presencia, no son coexistentes, lo cual es básico para la doctrina de la Trinidad.

2. Triteísmo

Hay otra herejía que es conocida como el triteísmo, es decir tres dioses. Dios Padre es un dios, Dios Hijo es un dios y Dios el Espíritu es otro dios. Como hemos visto, el cristianismo adora a un solo Dios; somos monoteístas. Creemos que el mismo Dios revelado desde Génesis es el mismo Dios que estamos adorando en el Apocalipsis. La analogía del huevo presenta a Dios como tres partes del mismo ser: cáscara, yema y clara. Sin embargo, eso da la impresión de que la suma de todas las partes es la que conforma al huevo completamente. Esto muestra a cada persona de la Trinidad como una porción de Dios, y no como la Biblia lo revela: cada persona es 100 % Dios.

3. Unitarismo

La última herejía que queremos ver es el unitarismo, donde son tres personas pero no son coexistentes. Esto es mucho de lo que creen los mormones y los testigos de Jehová. Creen que el Padre creó al Hijo y el Hijo es una criatura de Dios, con un alto rango, pero una criatura de Dios. El Espíritu, para ellos, es un tanto impersonal, es más una forma de algo de Dios. Esto, por supuesto, es contrario a la enseñanza bíblica, donde las tres personas de la Trinidad han coexistido en igualdad toda la eternidad.

Todas estas herejías desvirtúan nuestra vida cristiana. ¿Por qué? Porque se separan de la misma esencia de quién es Dios. Todo lo que ataque la esencia de Dios nos está llevando a adorar otra idea de Dios, que no es como Dios se ha revelado. Cuando tratamos a cualquiera de las personas de la Trinidad como algo menor que Dios, estamos insultando a Dios y adorando una forma desvirtuada de Dios. Por eso es tan importante que nosotras sepamos lo que creemos, hermana, y por qué lo creemos.

Los concilios de la iglesia

Por último, brevemente quisiera terminar con una aplicación bíblica de todo esto. La iglesia, desde sus primeros años, se dio cuenta de por qué era tan importante que se dejaran claros los puntos sobre la deidad de Dios (por tantas herejías que se estaban levantando). Como vimos cuando estudiamos cristología, la herejía arriana negaba la deidad de Cristo y, en consecuencia, la iglesia dejó sentada un credo sobre el tema de la Deidad. Entonces se dio el Concilio de Nicea. En este concilio se aclaró la unidad de Cristo y la unidad de la iglesia, porque el arrianismo estaba amenazando con separar a la iglesia. En el Concilio de Nicea se aclaró la deidad de Cristo. Luego, en el Concilio de Constantinopla en el año 381 d. C. se vio la necesidad de afirmar la deidad del Espíritu Santo como coexistente al Padre y al Hijo. Estos concilios no declararon la verdad bíblica, solo la reconocieron.

Todas estas doctrinas (herejías), así como amenazan la creencia de cómo puede ser un solo Dios y tres personas, amenazan también la unidad de la Deidad y la unidad del cuerpo de Cristo. Mi palabra de ánimo para cada una de ustedes es que podamos ver cómo incentivar la unidad del cuerpo de Cristo, pero sin sacrificar las verdades no negociables, como la Trinidad. Tengamos el mismo corazón que Cristo, cuando oró al Padre: «Ruego [...] para que todos sean uno. Padre, así como tú estás en mí y yo en ti»

(Juan 17:20-21, NVI). Lo que crees acerca de la Trinidad va a definir a qué Dios amas y adoras con tu vida, como individuo y como parte de tu iglesia. ¿Amas y adoras al Dios de la Biblia, el Dios trino? ¿O adoras a una imagen desvirtuada de Dios? Que el final del conocido himno resuene en tu mente y corazón: «¡Dios en tres personas, bendita Trinidad!».

Oración

«Padre, que te amemos más de lo que amamos nuestra opinión o lógica. Que el Espíritu Santo ponga en nuestro corazón tu Palabra, tu verdad, y nos ayude a creer. Sabemos que podemos pedirte porque Cristo hizo posible la paz en esa cruz. Que tu Palabra sea viva en mi mente, y que te busque en la intimidad. Que pueda ser una mujer de tu Palabra para no desviarme en mentiras y herejías. Que sea un instrumento de tu paz y no de separación para tu iglesia. Tus misterios son belleza a mi alma y mi sustento es tu verdad».

CAPÍTULO 6

Antropología bíblica

E n 2002, viví por tres meses en la ciudad de Hiroshima, como parte de un entrenamiento de cooperación internacional. Las dos veces que recorrí el museo de la bomba atómica me tomó bastante tiempo recuperarme emocionalmente. Las imágenes y narrativas de la tragedia de la mañana del 5 de agosto de 1945 quedarán en mi mente por siempre. Fue difícil ver documentado que la creatividad y la ciencia humana habían sido usadas para algo tan terrible y destructivo como la bomba atómica. Era más de lo que podía entender. Pensar en los cientos de miles de civiles heridos, la muerte, la ropa y las loncheras quemadas de los niños que iban a la escuela esa mañana me llenó de desolación e impotencia.

No obstante, salí y vi alrededor de los parques más de 95 árboles plantados, verdes y frondosos que sobrevivieron y se recuperaron de la bomba. Esto abrió mis ojos a la belleza de una ciudad con individuos florecientes, amables y altamente desarrollados que caminaban por las mismas calles que hacía 50 años contaban una historia sombría de la realidad humana.

En el ser humano existe una gran capacidad para el bien, el florecimiento y la creatividad. Pero esa misma capacidad tiene el potencial distorsionado del mal, la destrucción y la opresión. Las consecuencias no se hacen esperar en nosotros, nuestros descendientes y nuestras comunidades.

No es posible entender apropiadamente la realidad humana sin una evaluación externa. Todos miramos y evaluamos la vida a través de nuestros propios lentes y valores. Nadie quiere ser objeto de estudio porque implicaría abrir un espacio a nuestra propia pecaminosidad, y nuestra condición real quedaría expuesta. Nadie puede ser juez y parte acusada a la vez. Así que la evaluación y definición del ser humano debería venir del Creador. Por esto, toda la Biblia debe informar lo que creemos acerca del ser humano. ¿Cuál es el fin último del hombre? ¿Por qué es esto importante? ¿Qué dice la Biblia acerca del ser humano?

¿Cómo le explico a un pez que está mojado?

Una de las preguntas que me ha ayudado a profundizar en algunos temas bíblicos es: ¿cómo le explicas a un pez que está mojado? Parecería una pregunta tonta. Sin embargo, la razón de esta es que conocemos las cosas, pero no desde una perspectiva neutra. Tendemos a ver todo desde *nuestra* perspectiva. Es decir, el pez no se siente estar mojado, pues esa es su condición natural. Muchos de nosotros en nuestras vidas de creyentes no hemos sopesado qué dice la Biblia acerca del hombre y la condición humana. Creemos que nuestra experiencia de humanidad nos hace expertos en el tema, pero no es así. El filósofo Sócrates dijo: «Una vida sin examen no merece la pena vivirse». La mejor forma de explicarle a un pez que está mojado es sacándolo de su condición natural.

Entonces tenemos que preguntarnos: ¿cómo define Dios nuestra condición humana? ¿Cómo define Dios nuestro valor? Y por eso la pregunta de cómo le explicamos a un pez que está mojado.

La respuesta es: ¡difícilmente! Para explicárselo (hablando metafóricamente), el pez tendrá que, de cierta manera, salir de su pecera y entender que él existe dentro de un mundo en donde el agua es la realidad. Pero, al mismo tiempo, hay un mundo allá afuera lleno de criaturas que viven y existen fuera del agua.

El ser humano tiende a analizar, a ponderar, a ponerle peso o importancia a la vida desde su perspectiva, «desde su pecera», con un enfoque en sí mismo. Pero antes de que el ser humano existiera, existía Dios. Él es el que, al estar «fuera de la pecera», nos puede explicar el mundo como es.

Si somos sinceras, nosotras no nos entendemos a nosotras mismas. Por tanto, no podemos definir lo que es real y lo que es irreal, lo que es bueno y lo que es malo, lo que debe ser y lo que no debe ser. Alguien mayor a nosotros, nuestro Creador, tiene que definir todas estas cosas. Por eso es tan importante que no busquemos en nosotras mismas, como muchas iglesias lo enseñan: «Busca dentro de ti». ¡No! La Biblia nos dice que el corazón humano es engañoso. La Palabra de Dios es la que define lo que yo debo sentir, pensar, priorizar y considerar. Y todo empieza desde antes de la creación, pues quien nos enseñe tiene que ser Alguien que nos preceda y nos pueda contar la vida desde esa perspectiva. Así que vayamos al principio, al Génesis.

A Su imagen

En Génesis, cuando se menciona al hombre, la palabra «hombre» no solamente describe al sexo masculino, sino que también representante de la raza humana (1:26, RVR1960). Dios dijo: «Hagamos al hombre». Él diseñó al hombre. Sería hecho conforme a Su imagen y semejanza. Este es el punto de partida para toda la valoración que el cristiano debe de darle a la vida humana. Independientemente de si un ser humano es cristiano o no, hay un valor intrínseco en él porque es un portador de la imagen de Dios. El hombre es el mayor tesoro dentro de la creación delante de Dios.

El ser humano, por tanto, no tiene el mismo valor delante de Dios que tiene la demás creación. Esto es importante porque hoy vemos distorsiones aun dentro de la iglesia, donde damos igual valor a la vida humana que a la vida de un animal, e incluso al medio ambiente. Toda la creación fue hecha con el propósito de glorificar a Dios. Dentro de este propósito, la creación fue hecha para florecimiento del ser humano. Dios le dijo al hombre que llenara la tierra y la sojuzgara (Gén. 1:28); es decir, que fueran gobernantes o administradores sobre las aves del cielo, los peces del mar, las bestias del campo. Todo lo que existe fue puesto bajo la administración y el uso del ser humano.

Entonces, amiga, puedes amar mucho a tu perro, pero no puedes poner a tu perro al mismo nivel que a tu esposo o hijo. Incluso en la forma de la creación del ser humano, Dios hizo una diferencia del resto de la creación. Toda la creación fue creada por el poder de la Palabra de Dios: «Sea…» o «Haya…» (Gén. 1:3,6,14). Sin embargo, Dios mismo tomó (hubo un contacto) en Sus manos del polvo de la tierra y formó un cuerpo, al hombre, y entonces sopló aliento de vida, sopló de Su vida en el ser humano. Esto no quiere decir que nosotros somos iguales a Dios o que somos pequeños dioses, sino que nosotros como seres humanos tenemos un gran valor delante de Dios. La *imago Dei* —o la imagen de Dios— nos hace relacionarnos con otros seres humanos con el valor que Dios mismo nos da.

¿Alguna vez has escuchado o dicho: «Necesitas mejorar la raza»? No quiero parecer legalista, pero muchos padres han rechazado pretendientes de sus hijas o las han aconsejado a hacerlo solo basados en la apariencia física. ¿Qué tanta importancia y cuáles rasgos de belleza han sido priorizados durante tu desarrollo? ¿Cuánto valor les damos a las personas que nos rodean, o con qué tipo de personas buscamos tener amistad en nuestras congregaciones? ¿Te basas en su apariencia física, en su forma de manejarse en público? Si entendemos que Dios creó al ser humano dignamente, apreciaremos cada vida por ser portadora de la imagen de Dios. Por un lado, no miraremos con desprecio a los incrédulos, porque ellos también son portadores de la imagen de Dios. Por otro lado, no idolatraremos ni invertiremos más en nuestro cuerpo de lo necesario para vivir nuestro propósito: glorificarlo a Él.

La imagen de Dios tiene implicaciones

Cuando la Biblia nos manda a amar a nuestro prójimo, no debemos decir: «Ah, bueno, es que si es cristiano, sí lo voy a amar. Si no es cristiano, no lo tengo que amar. Si es mi enemigo, lo voy a maltratar». Tenemos que examinar realmente lo que pensamos acerca de la pena de muerte, el aborto, el racismo y las diferentes clases sociales. Cada persona con la que nos relacionamos fue creada a la imagen de Dios. Incluso, eso afecta cómo veo y valoro la belleza humana, cómo digo que esta persona es linda y los demás son feos.

Eso también me tiene que hacer reflexionar en cómo trato a mi esposo, por ejemplo, porque es portador de la imagen de Dios. Ambos tenemos la imagen de Dios y, por tanto, el mismo valor. Por supuesto, tenemos diferencias biológicas, en los roles, en nuestra interacción humana y, cuando esos roles funcionan a la manera de Dios, entonces el ser humano florece. Pero, cuando se desvía de la creación, de cómo Dios nos diseñó como seres humanos, se empieza a actuar en detrimento, no solamente del individuo, sino de la comunidad.

El pensar profundamente en lo que la Biblia enseña acerca del ser humano nos llevará a vivir diferente. Tiene que transformar nuestra forma de pensar y, entonces, nuestra forma de vivir. Nuestra forma de relacionarnos con otros seres humanos tiene que cambiar. El Salmo 8 nos llama a reflexionar en esto:

¡Oh Señor, Señor nuestro, cuán glorioso es Tu nombre en toda la tierra, que has desplegado Tu gloria sobre los cielos! Por boca de los infantes y de los niños de pecho has establecido Tu fortaleza, por causa de Tus adversarios, para hacer cesar al enemigo y al vengativo. Cuando veo Tus cielos, obra de Tus dedos, la luna y las estrellas que Tú has establecido, digo: ¿Qué es el hombre para que te acuerdes de él, y el hijo del hombre para que lo cuides? ¡Sin embargo, lo has hecho un poco menor que los ángeles, y lo coronas de gloria y majestad! Tú le haces señorear sobre las obras de Tus manos; todo lo has puesto bajo sus pies: todas las ovejas y los bueyes, y también las bestias del campo, las aves de los cielos y los peces del mar, cuanto atraviesa las sendas de los mares. ¡Oh Señor, Señor nuestro, cuán glorioso es Tu nombre en toda la tierra! (vv. 1-9).

El mandato cultural

Génesis 1:28 narra lo que los teólogos llaman «el mandato cultural»: «Y los bendijo Dios, y les dijo: Fructificad y multiplicaos; llenad la tierra, y sojuzgadla, y señoread en los peces del mar, en las aves de los cielos, y en todas las bestias que se mueven sobre la tierra» (Gén. 1:28, RVR1960). El mandato cultural es «el encargo continuo a la humanidad, en el poder y con la bendición de Dios, de ser fructíferos, multiplicarse y llenar la tierra, y de sojuzgar y cultivar con gentileza la tierra».[1]

Pensemos en algunas implicaciones de este mandato, del trabajo asignado al ser humano. Notemos que Dios ordenó y diseñó que el ser humano fuera mayordomo de la creación, desde antes de la caída en el pecado que se narra en Génesis 3. Muchos ven el trabajo como una maldición. Pero esto no puede ser cierto puesto que Dios mismo trabajó y nos encargó trabajar antes de la caída, y no como consecuencia de ella. El hombre separado de Dios no

---

1. William Edgar, «*The Creation Mandate*», https://www.thegospelcoalition.org /essay/the-creation-mandate/ (consultado: 3 de noviembre de 2021).

tiene vida ni propósito completo. Y muchas confundimos el sentido de propósito con el sentirnos útiles. Pero va más allá. Es hacer todo como para el Señor. Desde cambiar pañales, cocinar, hacer carpintería, abrazar, aconsejar, construir, todo debe ser para Su gloria (1 Cor. 10:23,31).

Dios mandó al ser humano a tener dominio sobre la creación. Dios es dueño de la creación y nosotros no solo administradores, sino también subalternos con rendición de cuentas. Nuestro cuidado del medio ambiente, o de lo poco o mucho que tengamos, es para Su gloria. Tenemos libertad de uso, pero no somos propietarios. Aunque el ser humano no está al mismo nivel que todo lo creado, no tiene la patente de la creación. Un día daremos cuenta de la creación de Dios. El pastor H. B. Charles dijo:

> Dios lo hizo. Dios dio dominio al hombre sobre la obra de Sus manos. Dios confió el dominio sobre esta tierra que Él ha creado a la humanidad. Es de Dios y no nuestra. Dios está a cargo. Dios reina sobre todo. Dios está a cargo.[2]

Muchas hemos desarrollado nuestro pensamiento sobre lo creado con base en lo que hemos oído, pero quizá no hemos pensado en profundidad en esto. Nuestra obediencia está directamente relacionada con quién es Dios. Podemos existir con un propósito, pero esto será afectado por nuestra perspectiva de nuestro Creador. Si hubiéramos sido creadas por casualidad, podríamos ser nuestro propio dios. Pero no estamos a cargo. Estamos bajo la dirección del Creador y dependemos de Su sostén. No somos tan independientes como quisiéramos creer. *Ser* un reflejo de Dios es nuestro fin último, y esto lo reflejamos por medio de nuestro *hacer*.

2. H. B. Charles, *"The Dominion of God's Image Bearers"*, Ministerios Ligonier, https://www.ligonier.org/learn/conferences/made-in-the-image-of-god/the-dominion-of-gods-image-bearers (consultado: 9 de diciembre de 2021).

Dios define al hombre, no el hombre a Dios

Hace unos años, la empresa Samsung tuvo que pagar una gran cantidad de dinero, porque se demostró que desarrollaron productos a partir de ingeniería inversa. Es decir, desarmaron el diseño de otros, lo mejoraron y lo presentaron como diseño propio. Es la forma fácil de hacer las cosas. El problema con esto es que es inmoral tomar la creación de otro, deshacerla y crear algo presentándose como propio. La misma Palabra de Dios nos manda a dar honor a quien lo merece (Rom. 13:7).

Muchos creyentes hemos hecho ingeniería inversa a Dios. Miramos a Dios y decimos: «Dios debe ser así». Muchas proyectamos en el Padre las características de nuestro padre terrenal, incluso inconscientemente. Pero el hombre no es un reflejo fiel de Dios, porque a causa del pecado está distorsionado. Aun el diseño original de Dios, en toda su perfección, no refleja completamente el carácter de Dios. La luna es un reflejo del sol, pero *la luna no es el sol*. El ser humano no es Dios. Cuando los cristianos construimos nuestra imagen de Dios partiendo de la imagen del hombre, reducimos a Dios a muchísimo menos de quien es.

Nuestra constitución humana

Pasemos ahora a un punto un poco más técnico sobre la antropología. Hablemos de nuestra constitución. Dentro del mundo evangélico, existen básicamente dos posiciones sobre la constitución del ser humano: el ser humano está formado por tres partes o por dos partes. La mayoría de nosotras en Latinoamérica hemos sido enseñadas que somos cuerpo, alma y espíritu, como si esa fuera la única posición. Sin embargo, en la historia de la iglesia, la posición más común ha sido que el ser humano está constituido por dos partes:

la parte inmaterial (espíritu y alma se usan intercambiablemente) y la parte material (el cuerpo).

Lo que vemos realmente desde el relato de la creación es que Dios creó un cuerpo y Dios creó una parte inmaterial, o un espíritu, en el hombre. Ahora bien, ya sea que el ser humano esté formado por dos o tres partes, esto no debería ser un punto que nos separe como creyentes. Sin embargo, sí tiene implicaciones en cómo vemos la vida emocional y la importancia que le damos a la vida corporal. Pablo habla al respecto en 1 Corintios:

> Todas las cosas me son lícitas, pero no todas convienen; todas las cosas me son lícitas, pero yo *no me dejaré dominar* por ninguna. Los alimentos son para el vientre, y el vientre para los alimentos; pero tanto al uno como a los otros *destruirá Dios*. Pero el cuerpo no es para la fornicación, *sino para el Señor y el Señor para el cuerpo*. Y Dios, que levantó al Señor, también a nosotros nos levantará con su poder. ¿No sabéis que *vuestros cuerpos son miembros de Cristo?* ¿Quitaré, pues, los miembros de Cristo y los haré miembros de una ramera? ¡De ninguna manera! ¿O no sabéis que el que se une con una ramera, es un cuerpo con ella?, porque ¿no dice la Escritura: «Los dos serán una sola carne»? Pero el que se une al Señor, un espíritu es con él. Huid de la fornicación. Cualquier otro pecado que el hombre cometa, está fuera del cuerpo; pero el que fornica, contra su propio cuerpo peca. ¿O ignoráis que vuestro cuerpo es templo del Espíritu Santo, el cual está en vosotros, el cual habéis recibido de Dios, y que no sois vuestros?, *pues habéis sido comprados por precio; glorificad, pues, a Dios en vuestro cuerpo y en vuestro espíritu, los cuales son de Dios* (vv. 12-20, RVR1995, énfasis agregado).

Errores sobre el cuerpo

Muchas doctrinas falsas que se introdujeron en la iglesia decían que el cuerpo no importa. Si piensas que el cuerpo no importa, entonces puedes hacer lo que te dé la gana con tu cuerpo. Esto se volvió en una idolatría al cuerpo, un libertinaje sobre el cuerpo. Como lo único que importaba era cuidar el espíritu, con tu cuerpo podías experimentar y hacer lo que quisieras. Esta herejía se conoce como el gnosticismo (de la palabra griega *gnosis,* que significa *conocimiento*), la cual se multiplicó en los tiempos de la iglesia primitiva y venía desde la filosofía griega con mezclas del budismo. A veces escuchamos en nuestras iglesias: «La carne es mala y el espíritu es lo que importa», pero hermanas, tenemos que examinar realmente qué nos enseña la Palabra.

Algunos justifican pecados prohibidos en la Biblia que tienen que ver con el cuerpo, justificándolos con que el cuerpo va a pasar y lo importante es la parte espiritual. De hecho, hay doctrinas y sectas que enseñan eso hoy. El otro día escuché de una secta que se esconde como una denominación cristiana, pero el líder de este grupo tiene varias familias. Varias esposas e hijos. Todo esto es de conocimiento de los feligreses de su iglesia y ellos lo justifican porque dicen que es un pecado en la carne, pero él realmente vive en el espíritu y lo importante es el área espiritual.

Otra herejía es el ascetismo. Esta consistía en personas que buscaban purificar el espíritu con la negación y el castigo del cuerpo. La carne había que castigarla, entonces pusieron creencias y leyes que no eran bíblicas. Esto también lo vemos una y otra vez en el Nuevo Testamento, enfrentando todo este bombardeo de enseñanza acerca del hombre que ponía a las personas en una esclavitud a la cual Cristo no nos llamó. Por ejemplo, diciendo: «El matrimonio es malo» (1 Tim. 4:3). Entonces, se prohibía casarse y justamente estas son las cosas que Pablo tiene que empezar a enfrentar.

Dios tiene derecho sobre nuestro cuerpo

Dios tiene interés y derecho sobre lo que haces con *tu cuerpo.* Los seres humanos no somos almas flotantes. Dios nos dotó de un cuerpo *antes* de la caída. Así que no debemos suponer que el cuerpo

es malo. Juan Calvino llama al ser humano «tabernáculo de barro».
Sí, somos hechos de barro, somos pasajeros, pero el hecho de que
el aliento de Dios nos diera vida nos hace un lugar santo. Aún más
aquellos redimidos por Su sangre. Al haber sido comprados por
precio tenemos la obligación y la motivación de glorificar a Dios
en nuestros cuerpos.

No obstante, cada vez más las personas cuidan de su cuerpo
con mayor afán que con el que cuidan sus almas. Recordemos que
necesitamos cuidar el cuerpo, pero no idolatrarlo. Algunos tienen
serios problemas con consumir productos que no sean de proveniencia orgánica, y son muy estrictos en cuanto a la exposición
de sus cuerpos a cosas no saludables... pero no son estrictos en
igual medida con lo que ven, oyen y hablan. Muchos creyentes,
incluso líderes cristianos, están siendo arrastrados por esta idolatría
al cuerpo. Todo nos es lícito, pero no todo nos conviene, y no nos
podemos dejarnos dominar por nada.

En varias ocasiones me han preguntado acerca de las cirugías plásticas. Existen muchas opiniones al respecto en la iglesia de
Cristo. No considero que la cirugía estética en sí misma tenga nada
de malo. Pero deberíamos hacer preguntas más profundas acerca de
las motivaciones de esa cirugía. Por otro lado, muchas personas
desarrollan una adicción a estas cirugías: primero es un área del
cuerpo y luego es la otra. Se estima que el desorden de dismorfia
corporal, que se vincula a la adicción a la cirugía plástica, está presente 15 veces más en pacientes que buscan este tipo de cirugías en
comparación a la población general. Vemos estas cirugías al extremo
que ya ni podemos reconocer los rostros que, en muchas ocasiones,
eran más lindos y simétricos con el diseño original de Dios.

Nos hemos obsesionado con el cuerpo humano y la forma
de ese cuerpo, tanto que hemos llegado a enseñar en nuestras iglesias: «Hay que hacerse un arreglito [un eufemismo para las cirugías
plásticas] para mantener al esposo contento». He escuchado esto
de boca de hermanas que muchos consideran «maduras en la fe».

Hay una cantidad increíble de problemas con esa frase y la ideología detrás de ella, pero no nos hemos cuestionado qué tan alineados están estos valores con la perspectiva bíblica. Invertimos más dinero en esas cirugías, pero no tenemos dinero para una ofrenda significativa a los necesitados de nuestra iglesia o para alguien que necesita un tratamiento médico caro en nuestra congregación. Qué diferentes serían nuestras iglesias si priorizáramos el cuidado del cuerpo de nuestros hermanos sacrificialmente, de acuerdo a la prioridad de las necesidades.

Si entendemos que el cuerpo hay que cuidarlo, cuidaremos de los enfermos entre nosotros. Si entendemos que el cuerpo es importante, buscaremos librarnos de las adicciones que hacen daño al cuerpo: obesidad, trastornos de la alimentación, adicciones a sustancias, adicciones a calmantes o pastillas para dormir. De igual forma, nos cuidaremos de no hacer de nuestros cuerpos un ídolo. ¿Ves el equilibrio? Si entendemos esto, no apoyaremos agendas transgénero, que mutilan el cuerpo de niños con operaciones de cambio de sexo o los llenan de hormonas cuyos efectos dañinos se estiman, pero aún están por verse.

¿Por qué importa nuestro cuerpo?

Entonces, ¿cuál es la raíz de todo esto? Un mal entendimiento de cómo Dios nos ha creado. ¿Por qué el cuerpo es importante? Primero, Dios no nos creó como espíritus flotantes. El ser humano vive en un cuerpo y vivirá eternamente en un *cuerpo* glorificado (Fil. 3:21, 1 Cor. 15:57). Los que sufren en el infierno y los que resucitan lo hacen en su cuerpo (Mat. 5:30, 10:28, 27:52); Cristo se encarnó y sufrió en carne (1 Ped. 2:24) y, después de Su ascensión, se sentó a la diestra del Padre y Él habita ahí físicamente (Mar. 16:19, Heb. 10:12, Rom. 8:34, Ef. 4:8). No dice que Él salió del cuerpo y subió al cielo. Fue una ascensión corporal. Cuando Cristo murió, no murió solamente por nuestras almas. Él murió para que un día pudiéramos estar con Él en un cuerpo glorificado. Cristo murió por todo lo que compone al ser humano.

Entonces, la forma en la que vivimos aquí en la tierra sí importa, porque Dios nos creó con un cuerpo. No vamos a idolatrar el cuerpo. Ahora, no vamos a decir que si tú te comes una hamburguesa y no comes completamente orgánico eso es de Satanás, ni que si tú no vas al gimnasio cinco veces a la semana estás fallando. La Biblia nos manda a tener un equilibrio. Hay una responsabilidad del cuidado del cuerpo y del espíritu, del alma que Dios nos ha dado y del cuerpo que Dios nos ha encomendado.

El pecado y la justicia del hombre

Hoy en día vemos tanta injusticia, y tenemos que preguntarnos qué enseña la Biblia acerca de la justicia. No estamos hablando de la justificación, otro término en relación con la doctrina de la salvación (la soteriología), sino de la justicia del hombre en términos de cuál es la naturaleza y la inclinación del hombre. En pocas palabras, cuando naciste aquí en la tierra, ¿eras buena y el pecado afectó un poco esa bondad? ¿O eras mala y por el pecado estabas completamente depravada, siendo incapaz de hacer algo bueno? Esto nuevamente tiene implicaciones en términos de la salvación, pero aun dentro de esto hay diferencias en el mundo cristiano.

Muchos cristianos buscan un Jesús que sane su cuerpo, pero no quieren uno que redima su corazón y lo rescate de su mayor problema: el pecado. El «evangelio de la prosperidad» solo ha vendido la misma falsedad por la cual rechazaron a Jesús: muchos querían Su reino (o la idea que ellos tenían del reino) y no al Rey del reino verdadero. Algunos quieren, al igual que los judíos, poder, fama, prosperidad y sanidad. Pero, aunque Dios puede hacer esas cosas, estas no representan al reino de Dios. El reino de Dios establecido por Cristo es mucho mayor: sanidad del alma y del corazón, libertad a los cautivos del pecado, una mente renovada, juicio sobre la maldad y libertad de la opresión del pecado. Santiago habla de nuestro problema interior:

> Sino que cada uno es tentado cuando es llevado y seducido por su propia pasión. Después, cuando la pasión ha concebido, da a luz el pecado; y cuando el pecado es consumado, engendra la muerte (Santiago 1:14-27).

Lamentablemente, no tenemos mucho espacio para discutir la naturaleza del pecado y sus efectos porque esto sería un libro en sí mismo. Algunas me preguntan: «Jeanine, si estamos completamente depravadas por el pecado, ¿dónde queda el libre albedrío? Si yo quiero, no peco... Yo escojo el bien o el mal, ¿no?». Antes de la caída, la voluntad del hombre no estaba corrompida por el pecado, por lo cual el hombre tenía libre albedrío. Sin embargo, al entrar el pecado, el hombre no puede no pecar. Es decir, somos esclavas al pecado y nuestra voluntad está arraigada a él, por lo que todo lo que decidamos, aunque parezca bueno, viene de la naturaleza pecaminosa que heredamos de Adán.

Bíblicamente hablando, el ser humano no regenerado no puede *no pecar*. Es decir: ¡todos pecamos! No quiere decir que no tengamos la capacidad de actuar de forma moral, sino que inclusive estos «actos buenos» están influenciados por el pecado. Pero el pecado es mucho más que acciones. El pecado es la corrupción del ser humano. Es como un cáncer que no solo ha afectado un órgano, sino la médula misma del ser humano y que produce más pecado hasta destruirlo todo.

Pero también es como una enfermedad hereditaria, en donde todos nacemos muertos espiritualmente. Los muertos no se comparan unos con otros. Si todos viéramos el pecado con la gravedad que tiene, nos enfocaríamos en nuestra lucha por erradicar ese mal de nuestras vidas. Sin embargo, esto es imposible porque en nuestro pecado no queremos salir de él. Te daré una idea con algo superficial pero que ayuda mucho —y sé que a muchas no nos gustan esas películas—: vivimos como los zombis. Muertos «vivos» que no saben que están muertos. No podemos decir «no» a nuestra naturaleza muerta por el pecado.

Muertas y ahora vivas

Efesios dice que nuestra condición es que estábamos muertas (Ef. 2:1). No dice que estábamos mal portadas, pero Dios tuvo misericordia. No. Es categórico en el estatus que nos da antes de Cristo. Estábamos muertas, y todo el maquillaje del mundo no esconde el olor a muerte. El hombre hereda de Adán el pecado, ya sea por representación o participación en la naturaleza de Adán. Y, como vemos en la doctrina de la salvación, es solo a través de la regeneración y por el regalo de la fe que podemos escoger a Dios y que nuestra voluntad puede estar ahora arraigada en la Palabra. Todo eso solo, como dice Efesios nuevamente, por Su amor y misericordia a través de la obra redentora de Cristo y Su justicia (Ef. 2:4).

Pero ahora, si Dios te salvó, si eres redimida por Cristo, ¡tienes la opción de decir «no» al pecado! Dios advierte a Caín del pecado que estaba a punto de cometer. Sin embargo, Caín no pudo resistir su pecado a pesar de la advertencia de Dios. Antes de Cristo, somos más parecidos a Caín que a Abel. Nuestra realidad es que somos victimarios antes que víctimas (Gén. 4:7). Esto no es excusa para pecar. Dios le advirtió a Caín y la Palabra de Dios era suficiente para rechazar lo que había determinado hacer. De igual forma, para nosotras la Palabra de Dios es suficiente.

Creadas por Él

En medio de todo esto, es primordial saber que fuimos creadas por voluntad de Dios. Esto puede parecer muy obvio, pero las implicaciones son profundas. El hecho de de que Dios haya decidido crearnos de Su propia voluntad, desde antes de la creación del mundo (Ef. 2), apunta a una realidad importante. No podemos ganarnos el derecho a vivir, existir y florecer. Estos derechos de Dios son motivados única y exclusivamente por Su voluntad. Melissa Cain Travis, en su ensayo titulado «Virtud, naturaleza humana y la búsqueda de la felicidad», concluye de esta forma:

> Por tanto, el entendimiento de la verdadera y auténtica felicidad como un estado, por lo menos, parcialmente dependiente de la virtud, es coherente en el contexto del cristianismo pero en ningún otro relato no teísta. El teísmo, a diferencia del naturalismo, provee el fundamento para el bien. Aún más, el hecho de que la humanidad es hecha a la imagen de Dios significa que podemos conocer el bien y decidir vivir una vida de virtud, cumpliendo entonces con la intención de nuestro Creador del florecimiento humano.[3]

¿Por qué necesito saber esto? Cuando entendemos la intención de Dios para la raza humana, las consecuencias de la caída en pecado, las consecuencias en la raza humana después del diluvio y la esperanza de la eternidad humana a partir de la «restauración de todas las cosas», aprendemos dos cosas: las noticias partiendo de la naturaleza depravada y tendente a mayor depravación son *muy malas*, y el poder del evangelio en restaurar todas las cosas y darle a la raza humana una esperanza, garantizada por Dios y bajo Sus términos restaurativos, son noticias *muy buenas*.

Vivir para Aquel que es el centro

Entender la depravación del hombre me ayuda a poner en perspectiva algo tan terrible como lo que vi en ese museo de Hiroshima.

---

3. Melissa Cain Travis, *"Virtue, Human Nature and the Quest for Happiness"*, CRI, https://www.equip.org/article/virtue-human-nature-and-the-quest-for -happiness/ (consultado: 9 de diciembre de 2021).

En lugar de pensar que Dios no es bueno, ahora puedo tener paz en que, aunque causamos tanto mal, Dios tiene misericordia de nosotros. ¿Ves cómo cambia la forma en que vemos las cosas cuando conocemos la verdad de la Palabra? Todo esto es parte de lo que estudiamos en antropología bíblica.

Vemos que es un tema complejo que, para resumirlo en un capítulo no solo es poco, es imposible. Sin embargo, lo que podemos hacer es animarnos, exhortarnos a estudiar y ver qué dice la Biblia acerca de estas cosas y qué implicaciones tiene esto para nuestra vida. Qué implicaciones tiene el que yo viva una vida coherente con lo que yo digo creer, qué implicaciones tiene la validez que yo le doy a la vida humana en cómo yo trato a las personas a mi alrededor, en cómo yo trato a personas de otros niveles sociales. ¿Realmente los trato como iguales en que somos portadores de la imagen de Dios, o yo hago diferencias de personas? Si yo soy realmente provida, ¿le doy más importancia a un niño sin discapacidad que a un niño que nace con discapacidad?

Amiga, tenemos mucho que analizar de las implicaciones de lo que yo creo de Dios y cómo yo vivo. Por ejemplo, cómo veo yo los problemas raciales. Los veo como algo sobre lo que no es tan importante hablar o tenemos que hablar de esto porque esto tiene implicaciones sobre la imagen de Dios en otro ser humano y cómo esa imagen está siendo tratada.

Tenemos mucho que profundizar en la Palabra, mucho que examinar en nuestros corazones, en nuestras motivaciones, en nuestras tradiciones y costumbres, y ver qué tan bíblicas son. Espero que esta doctrina ayude a que nosotras podamos una vez más profundizar en el conocimiento de Dios, en lo que Dios revela acerca de sí mismo y acerca del ser humano, viendo que somos corona de la creación, pero no somos el centro de la creación. El centro de la creación es el Creador, y el ser humano fue creado para Dios. Dios no fue creado para el ser humano, porque Dios no fue creado.

Que hoy tú puedas vivir *«coram Deo»*; es decir, de cara a Dios. Que podamos entender poco a poco la belleza de la solución de Dios al problema de nuestra naturaleza pecaminosa, que era tan profunda que no teníamos salida. Que hoy puedas ser libre, viendo la imagen de Dios en ti, bella y libre a través de la sangre de Cristo por nosotras. Que hoy puedas ver a otros y amarlos por ser creación de Dios.

Oración

«Amado Creador, Dios santo y poderoso, que hiciste todo bueno, perdóname por creer que mis actos son buenos, por creer que yo puedo ser buena sin ti. Perdóname por hacer menos la imagen de Dios en otros, y sobre todo en mí. Perdóname por pensar que no valgo. Soy preciosa porque tú me hiciste tu hija y tú eres mi Padre... y eso es suficiente. Ayúdame a verme como tú me ves, a través de la justicia de Cristo, para descansar en tu obra en mi vida. Amado Salvador, dame la entereza para estar firme ante las ideas de este mundo y hablar tu verdad. Te amo, porque tú me amaste primero».

CAPÍTULO 7

Bibliología

La Palabra de Dios no es un libro de reglas. Tampoco podemos reducirlo a un manual de instrucciones. Tiene leyes, pero esas leyes tienen un propósito mayor a su existencia misma (Prov. 3:1,3; Deut. 30:3). Nos apuntan a cómo vivir *coram Deo*, de cara a Dios (Jos. 22:5), lo cual no se refiere a vivir con miedo de perder la salvación. Vivir *coram Deo* es obedecer motivadas por el amor a Dios. Es conocer y crecer en el conocimiento de Dios de manera tal que mi asombro ante *quién es Él* me lleve a seguir Sus leyes, obedecer Sus mandamientos (Juan 14:21-23).

¿Es la Biblia importante en tu vida y en la mía? La relevancia de la Biblia no se refleja principalmente en mis publicaciones de Instagram, ni en mi servicio en la iglesia y el hogar (2 Crón. 21:21), ni en mi deseo de aconsejar a otros (Gál. 6:1), sino en una vida que maneja y estudia la Palabra de verdad correctamente y vive como dice creer (2 Tim. 2:15; Sant. 1:22-23).

Hoy en día, nuestra palabra no vale mucho: no queremos decir lo que realmente pensamos. Nos retractamos, mentimos y vemos nuestra palabra como algo separado de nosotros. En generaciones anteriores no era así. La palabra de alguien representaba al individuo. La Biblia nos enseña que Jesús es el Logos o la Palabra de Dios (Juan 1:1; Rom. 10:17; Col. 4:3). La Palabra de Dios, por tanto, no son solo Sus dichos, mandatos y promesas en la Biblia, sino que Su Palabra también es parte de Su esencia: Dios habla, y Su Palabra tiene Su misma autoridad. Por eso debemos tomar la Biblia con la misma seriedad que tomamos a Dios (Apoc. 20:4).

Por eso debemos tener cuidado de aquellos que dicen ser portadores de Su Palabra, pero la contradicen con lo que dicen o con sus propias vidas. Esto es serio delante del Señor, porque la verdadera Palabra de Dios revela a Dios (Mat. 24:35; Luc. 21:29-33). De la misma manera en la cual no podemos acercarnos a Dios con irreverencia, no podemos acercarnos con corazones arrogantes que quieren saber y no obedecer. Eso hacen los falsos maestros. Así que comencemos con una advertencia sobre aquellos que usan mal la Biblia.

Los falsos maestros: *influencers* para mal

Los libros que leemos y que nos atraen revelan mucho de nosotros. Tu corazón se revela en las porciones de la Biblia que buscas y en las que evitas. Pero aún más se revela en los maestros que escuchas. No debemos acercarnos a la Palabra con comezón de oídos para justificar lo que me conviene, según mis propios deseos. La Palabra nos advierte seriamente: «Llegará el tiempo en que la gente no escuchará más la sólida y sana enseñanza. Seguirán sus propios deseos y buscarán maestros que les digan lo que sus oídos se mueren por oír» (2 Tim. 4:3, NTV).

Los falsos maestros se caracterizan por lo que creen, enseñan y viven. ¿Por qué crees que Jesús advirtió tanto acerca de ellos? Otro problema con los falsos maestros es que ¡tienen seguidores! En ocasiones son los *influencers* más populares. Personas que debieran ser seguidores de Cristo son en realidad seguidores de falsos maestros.

Los corintios tenía el mismo problema (1 Cor. 1:12). Es más fácil seguir a un hombre carismático que promete popularidad y dinero, que a Cristo, quien nos dice la verdad, es la Verdad y nos llama a una vida de negación (Mat. 6:24). El mismo Jesús que dio ejemplo y vivió como también nos llamó a vivir, siendo los últimos, tomando la toalla e invirtiendo en vidas anónimas para el mundo. Si las personas no creyeran lo que les enseñan y no financiaran sus estilos de vida presuntuosos, los falsos maestros serían escasos.

Habiendo dado esa importante advertencia, pasemos a un tema importante sobre la Biblia: la importancia de manejarla bien.

Manejar bien la Palabra

La Palabra nos llama a la madurez. Ningún cristiano nace maduro (por eso la Biblia lo llama «nuevo nacimiento»), así como un bebé no nace comiendo comida sólida. Pero si un hombre de 30 años todavía se alimentara de papilla, por más rica que fuera, eso sería preocupante. Por eso, el autor de Hebreos dice: «Hace tanto que son creyentes que ya deberían estar enseñando a otros. En cambio, necesitan que alguien vuelva a enseñarles las cosas básicas de la palabra de Dios. Son como niños pequeños que necesitan leche y no pueden comer alimento sólido» (Heb. 5:12, NTV).

Manejar la Palabra correctamente implica cortar derecho, es dejar que la Biblia interprete a la Biblia al ofrecernos luz ante los textos difíciles. Significa conocer el contexto histórico, literario y teológico de la Palabra. Básicamente, hablamos de «entender lo que leemos» (ver Hech. 8:30). Solamente «entonces ya no seremos niños, sacudidos por las olas y llevados de aquí para allá por todo viento de doctrina, por la astucia de los hombres, por las artimañas engañosas del error. Más bien, al hablar la verdad en amor, creceremos en todos *los aspectos* en Aquel que es la cabeza, *es decir*, Cristo» (Ef. 4:16-17).

Cuando buscamos una palabra de exhortación o dirección fuera de la Palabra debemos preguntarnos: ¿por qué no creo que la Palabra de Dios es suficiente? La misma Biblia nos dice que tiene todo lo necesario para la vida y la piedad (1 Ped. 1:3-4). El Espíritu Santo que la inspiró nos apunta a que la Palabra de Dios es suficiente para la vida y la piedad (Juan 16:13-15).

Nuestra esperanza viene de la Palabra (Rom. 15:4). He escuchado a muchos creyentes, con buena intención, consolar a otros con falsas esperanzas. Por ejemplo, afirmarle a alguien en un funeral que su familiar está en la presencia de Dios, aunque sabemos que rechazó a Dios hasta el final. Eso es mentir y dar una falsa esperanza. La Palabra nos enseña a llorar con los que lloran y reír con los que ríen (Rom. 12:15; comp. Ecl. 3). Entonces, debemos dar esperanza a los vivos para arrepentimiento y acompañarlos sinceramente en su dolor. En esos casos de pérdidas y dolor, a veces lo más prudente es guardar silencio. ¿Por qué pensamos que debemos decir algo? Porque muchas veces pensamos que el consejo de la Palabra de Dios no es suficiente. No creemos en la suficiencia de la Escritura.

Cuidado con las desviaciones

En Latinoamérica, son comunes algunas desviaciones de lo que la Biblia nos enseña acerca de la Palabra de Dios. Lo peor es que se utiliza la misma Biblia, fuera de contexto, para justificarlas. Algunos han creado toda una teología alrededor del poder de la palabra humana, para hacer que las cosas pasen o no pasen. Es famoso en expresiones como «decláralo y recíbelo» o «no lo recibo». Ambas son erradas. Si Dios no ha decretado o dicho algo, aunque cualquier ser humano lo diga, nuestra palabra no tiene poder por encima de la voluntad de un Dios *soberano* sobre todo. Solo la Palabra de Dios es infalible y sin error. Solo las palabras de la boca de Dios, escritas en Su libro, son fieles y verdaderas (Apoc. 22:6-17).

La Biblia es verdad, es confiable. Y es la única verdad. En un mundo secularizado y posmoderno, el concepto de una verdad absoluta es ofensivo. Pero acercarnos a la Biblia pensando que es menos que eso es rebelión contra Dios. ¿Cómo puede una criatura pecadora, capaz de causar el daño y la destrucción que la humanidad ha causado, definir su propia verdad?

Pero alguien objetará: la Biblia no es más que una mezcla de libros escritos por humanos. Vale la pena responder, si bien brevemente, a esa pregunta. ¿Cómo sabemos que los libros que tenemos son la Palabra de Dios? A esto se le llama el *canon*. Canon es una palabra cuyo significado es «vara de medir». En los estudios teológicos se afirma que los 66 libros de la Biblia son «canónicos»; es decir, que dan la marca, que son correctos, que no están faltos.

¿Y cómo sabemos que esos libros, los que tienes en tu Biblia, son verdaderamente canónicos? La respuesta es que la Biblia afirma que Dios inspiró estos libros (2 Tim. 3:16; 2 Ped. 1:21). Jesús afirma y valida la ley y los profetas (Mat. 5:17), citándolos y explicando el mensaje redentor desde el Antiguo Testamento. Además, tenemos el testimonio confirmado de los padres de la Iglesia y testigos oculares (o cercanos a ellos). Dios preservó Su Palabra y la continúa preservando a través de la historia. Ningún libro ha llevado más derramamiento de sangre en su defensa, proclamación y preservación. Ningún libro ha sido leído ni estudiado con más amplitud ni escrutinio. Ningún libro tiene tanta influencia en transformar sociedades y culturas.

Cristo confió en la Palabra

Muchas hemos desarrollado lo que sabemos de Cristo por Sus milagros, enfatizando la obra milagrosa de Cristo. Pero si estudiamos la Biblia con más cuidado, nos daremos cuenta de que Cristo nunca hizo milagros separados de la instrucción o enseñanza. Su enseñanza era el marco de los milagros. Estos autentificaban al mensaje y al Mensajero, no eran un fin en sí mismos.

La enseñanza de Cristo se fundamentaba en el Antiguo Testamento (Mat. 11:13; 22:40; Luc. 16:16; 24:44). Eso creemos, a diferencia de lo que muchos erróneamente han creído y enseñado, que el Antiguo Testamento ya no está vigente porque estamos «bajo la ley». Pero el Antiguo Testamento sí es relevante. Decir lo contrario es antinomianismo (palabra de la que hablamos en el capítulo 1), lo cual es un error doctrinal. Cristo mismo confirmó el Antiguo Testamento, aunque no para seguir las reglas ceremoniales y sacerdotales, pero sí la ley moral y todo lo que Él ha revelado acerca de Dios. Toda la Escritura es inspirada por Dios y útil (2 Tim. 3:16-17).

¿Por qué creer en la Biblia?

Debemos creer en la Biblia porque Dios ha dicho que es el único medio para que podamos conocer a Su Hijo Jesucristo. Allí, Él se ha revelado, Él ha hablado estas palabras. Vemos a Cristo desde el principio creando. Todo fue creado por el poder de Su palabra y, al final de todo el proceso creativo, Él creó al hombre conforme a Su imagen. Pero vemos en la Palabra de Dios que solo por el poder de Su palabra las cosas fueron creadas:

> Dios, habiendo hablado muchas veces y de muchas maneras en otro tiempo a los padres por los profetas, en estos postreros días nos ha hablado por el Hijo, a quien constituyó heredero de todo y por quien asimismo hizo el universo (Heb. 1:1-2, RVR1960).

El propósito de la existencia humana es para Dios, pero ¿cómo viviremos para Dios si no conocemos cómo es Dios? ¿Cómo imitaremos Su propósito si no lo conocemos? Por eso Él nos dejó Su Palabra. Dios nos dejó una revelación consistente de las narrativas desde el principio, de la poesía inspirada que resalta el carácter de Dios y expresa la emoción y la naturaleza de la conversación humana con Dios, y la experiencia humana a través de muchos años.

Autoridad de la Escritura

La Palabra de Dios es autoritativa. Es decir, toda la autoridad de Dios está en la Palabra para revelar Su propósito. Entonces, si creemos que la Palabra es autoritativa, ¿por qué no creemos lo que la Biblia dice? ¿Por qué no obedecemos todo lo que la Biblia dice, sin seleccionar lo que nos parece bien? Hoy vivimos en una generación que duda de la veracidad de la Palabra en todo. Estamos en una generación que decide escoger qué aspectos de la Palabra creer, a cuáles aspectos de la Palabra someterse.

Creemos en la autoridad de la Escritura porque fue inspirada por Dios. Así lo escribió Pablo: «Toda la Escritura es inspirada por Dios, y útil para enseñar, para redargüir, para corregir, para instruir en justicia» (2 Tim. 3:16, RVR1960). ¿Qué quiere decir «inspirada por Dios»? Que el Espíritu Santo inspiró cada palabra que fue revelada en Su Palabra. Él inspiró a hombres, a seres humanos, usando su cultura, su estilo y su experiencia, pero el Espíritu Santo estaba inspirando cada una de estas palabras.

Si la Palabra ha sido inspirada y preservada por un Dios perfecto a través de las épocas, necesitamos confiar en que es inerrante. Debemos creer que en los manuscritos originales no había errores y que el texto que tenemos es fiel, porque Dios lo ha preservado. Todo lo que está en la Biblia es verdad. Sabemos que lo que tenemos en nuestras manos pasó por un proceso de traducción, pero ningún libro ha sido sometido a tanto escrutinio, a tanta crítica, a tanta observación, a tanto estudio como lo ha sido la Biblia. Podemos confiar en que el texto que tenemos en nuestras manos, aun el texto traducido, es un texto confiable. Por eso es tan importante que el pueblo de Dios batalle por conocer y preservar esta Palabra.

Ha costado sangre y mucho esfuerzo preservarla para que podamos tenerla en nuestras manos. Personas como William Tyndale, que tradujo los textos de la Palabra al idioma inglés, perdieron su vida por su deseo de que la gente común la tuviera en sus manos.

Oigo a diario tantas personas que dicen: «Quiero conocer cuál es la voluntad de Dios para mi vida». La respuesta es simple: «La voluntad de Dios es vuestra santificación» (1 Tes. 4:3, RVR1960). Cristo mismo oró por los Suyos, presentes y futuros: «Santifícalos en la verdad; Tu palabra es verdad» (Juan 17:17). ¡Esta Palabra es la voluntad de Dios revelada para nuestras vidas!

La Biblia es la historia desde Su perspectiva

Es importante que reconozcamos que este hablar de Dios a través del tiempo está narrando la historia desde la perspectiva de Dios. La Biblia está compuesta por libros escritos en un período de aproximadamente 1500 años, desde el tiempo en que fue escrito el libro de Génesis hasta el tiempo en que fue escrito el Apocalipsis y las cartas de Juan. Por lo menos aparecen más de 40 autores distintos y, aun así, en toda la Biblia es innegable la unidad y cohesión. Y esto es verdad no solo en el tema de la revelación del propósito de Dios de redención del hombre, sino también en la revelación del carácter de Dios, que es el centro de la Biblia. El centro de la Biblia no es el ser humano. El centro de la Biblia es Dios. Inicia en Génesis 1:1 con Dios creando y termina en Apocalipsis 21 con Dios siendo adorado.

Dios primero habló a través de los profetas, con Moisés siendo el primer profeta (Deut. 18:18; 34:10). Por revelación de Dios y siguiendo los relatos pasados de generación en generación, escribió el Pentateuco, los primeros cinco libros. Luego vemos que, en los postreros días, Dios ha hablado a través de Su Hijo Jesús y la obra del Espíritu Santo inspirando a estos hombres a escribir el texto de la Palabra de Dios.

Entonces, Dios ha inspirado y Dios ha utilizado una diversidad de 40 autores para escribir Su Palabra. Vemos también en Hebreos:

> Porque la palabra de Dios es viva y eficaz, y más cortante que cualquier espada de dos filos. Penetra hasta la división del alma y del espíritu, de las coyunturas y los tuétanos, y *es poderosa* para discernir los pensamientos y las intenciones del corazón (v. 12).

«Viva y eficaz» son dos características de la Palabra que la hacen el principal instrumento del Espíritu Santo que la inspiró, para guiar, instruir, corregir, convencer de pecado, traer esperanza y restauración.

La Biblia transforma vidas

Conocí a Christopher Yuan hace unos años. Fue hijo de una pareja taiwanesa muy tradicional, quien terminó en la cárcel por tráfico de drogas. Cuando recibió la noticia de que su estilo de vida promiscuo y homosexual también le había traído como consecuencia el VIH, se encontró en desesperanza, sin deseos de continuar con su vida. Lo que más me impactó de su testimonio fue cómo encontró una Biblia en un basurero, terminó leyéndola y rindió su vida a Cristo. ¡Solo al leer la Palabra! Decidió que al salir estudiaría la Biblia y hoy es profesor del Instituto Moody en Chicago. Miles de personas han sido transformadas solo habiendo leído la Palabra, incluso en los tiempos de Cristo, quien enseñó partiendo de citar el Antiguo Testamento, la Biblia que tenían hasta ese momento. La fe viene por el oír. ¿El oír qué? La Palabra de Dios (Rom. 10:7).

Una razón por la que somos negligentes a invertir tiempo y profundizar en la Escritura es porque tenemos miedo de esto: «La palabra de Dios es viva y eficaz, y más cortante que toda espada de dos filos» (Heb. 4:12, RVR1960). Tememos al poder que la Palabra de Dios tiene para llegar hasta lo más profundo de nosotros y revelar en qué aspectos de nuestro corazón hay rebeldía, en los cuales nos negamos a someternos a Dios.

Ciertos temas bíblicos nos causan molestia. Pensamos: «No me gusta lo que dice». Es decir, sabemos que es verdad, pero hay una rebeldía de no querer someternos, en mente y acción, a lo que esta verdad dice. Otras veces decimos: «Es que no me parece justo». Pero si realmente creemos que la Biblia es la Palabra de Dios, entonces sabremos que lo que Dios revela es justo y no lo que a nosotras nos parece justo.

Desviaciones recientes

Una desviación reciente con respecto a la Biblia se ha presentado en quizás los últimos dos siglos. Esto quiere decir que por casi 1800 años, la iglesia de Jesucristo no presentó duda de estas cosas. Pero en los últimos años se comenzó a poner en duda la autoridad, la veracidad y la inerrancia de la Escritura en todo lo que dice. Algunos dicen que todos los principios teológicos y morales de la Biblia son autoritativos, pero no lo demás. Afirman que los datos históricos, como los personajes, no necesariamente son ciertos. Y los presentan como ejemplos, figuras o personajes de un cuento. Parte de este grupo igualmente ve el reino como la justicia obtenida por esfuerzos humanos aquí en la tierra. Esta teología ha afectado a muchos creyentes en Latinoamérica que la han abrazado, aun muchos maestros bíblicos.

Muchos erróneamente le dan más peso a las palabras de Jesús en rojo, pero no necesariamente al resto de la Escritura. Este es un serio desvío porque «toda la Escritura es inspirada por Dios, y útil para enseñar, para redargüir, para corregir, para instruir en justicia, a fin de que el hombre de Dios sea perfecto, enteramente preparado para toda buena obra» (2 Tim. 3:16-17, RVR1960).

Otra tendencia es afirmar que los datos históricos no son ciertos, como los personajes. Entonces, Adán no existió, sino que era una sombra de lo que podía ser Jesús. No necesariamente fue un personaje histórico. Y de ahí se desprenden toda una gama de creencias falsas que han llegado a los púlpitos de muchas iglesias.

Hermana, necesitamos profundizar en por qué yo creo la Biblia, por qué la Biblia es inerrante, por qué la Biblia es autoritativa, por qué la Biblia es clara para que todas la creamos y no solamente un grupo de élite cristiana. Esto es vital para que vivamos el evangelio sano y para que tengamos un concepto sano de Dios. Todo esto para que podamos obedecer todo lo que Él ha inspirado.

Este libro que tenemos es confiable. Es la Palabra de Dios y lo vemos en toda la historia. Lo vemos en toda su revelación, su preservación, en cada una de las palabras escritas, afirmadas y reveladas a través hombres falibles, pero inspirados por Dios. Muchos dieron sus vidas por creer este mensaje y nosotras de igual forma debemos someternos, dando nuestra vida por el mensaje de esta preciosa Palabra que Dios nos ha dado como medio de Su gracia, para transformarnos y conocerlo.

Oración

«Señor, gracias porque tu Palabra te revela para nosotros. Estudiamos tu Palabra para *amarte*. Gracias porque podemos creer, entender y obedecer *toda* tu Palabra por el poder del Espíritu Santo que habita en tus hijos. Perdóname por las veces que he sido negligente, que he tenido temor o apatía para entender y obedecer tu Palabra. Perdóname si he amado más el conocimiento de la Biblia que a ti, el Dios que la Biblia revela. Perdóname por cada vez que he querido imponer a otros tu Palabra mientras yo me rebelo contra ella. Ayúdame a no ser oidora olvidadiza, sino hacedora de tu Palabra. Forma a *Cristo*, el *Logos* de Dios en mí, para que mi vida te glorifique en lo que pienso, digo, siento y hago».

CAPÍTULO 8

Eclesiología

La familia de Dios, la Iglesia, está compuesta por creyentes pasados, presentes y futuros que serán añadidos a través de la fe, no por mérito propio, sino por la voluntad de Dios. Al igual que en la iglesia creciente en el primer siglo, Dios es quien añade cada día a Su pueblo a los que han de ser salvos (Hech. 2:47). Lamentablemente, la iglesia no ha sido la mejor representante de Dios. Todo lo que la iglesia hace, positivo o negativo, da testimonio de quién es Dios y trasciende las generaciones. ¡Ay de Su pueblo cuando el testimonio es falso acerca de Dios! Dios no negocia ni baja Su estándar para justificar el pecado de Su Iglesia. Dios advierte que Él juzga a Su pueblo (1 Ped. 4:12-18).

Nosotros somos la iglesia. Muchas veces ponemos el nombre de Cristo en vergüenza con las cosas que hacemos. En vez de arrepentirnos y cambiar de dirección, preferimos seguir en nuestra mala conducta. Malos manejos financieros, ocultos y justificados por los mismos pastores, que hacen de la iglesia un negocio familiar. El ministerio, la elección y los propósitos de Dios no son hereditarios. No estamos bajo la ley. Por tanto no existe un sacerdocio como en el Antiguo Testamento donde solo un grupo selecto de individuos y familias eran los elegidos para el sacerdocio. Hoy creemos en el sacerdocio de *todos los creyentes*, la iglesia de Cristo. Por otro lado, cuántas iglesias hoy en día justifican las prácticas inmorales de sus líderes porque se han adaptado tanto a los estándares morales del posmodernismo, operando básicamente como un club, fuera de la santidad de Dios.

Amiga, volvamos a qué es la iglesia. La iglesia está formada por los creyentes del pasado y los presentes. Los fieles del pasado eran salvos poniendo su fe en el cumplimiento de la promesa redentora (Gén. 3:15); eran salvos por su fe puesta en el Mesías que habría de venir. Los creyentes presentes son los que permanecen en la iglesia de este lado de la eternidad, genuinamente entregados al señorío de Cristo, también por fe.

Ante lo que la iglesia ha vivido durante la pandemia que comenzó en 2020, me gustaría comenzar hablando sobre la importancia de reunirnos como iglesia local.

La deshumanización de la iglesia

Por eso es tan importante reiterar que la iglesia es el grupo de creyentes entregados a Cristo. Damos más valor al edificio donde nos reunimos los domingos, sintiéndonos más espirituales allí, que al cuerpo al que pertenecemos de lunes a sábado. Damos más importancia a la reunión, los servicios, los cultos, los estudios bíblicos, las conferencias y las reuniones de jóvenes que a la práctica de estas cosas juntos. Por la pandemia de 2020 hemos preferido la comodidad de la reunión virtual, como si eso reemplazara la comunidad en persona. He conocido a muchas mujeres que se identifican como miembros a distancia de una iglesia, siguiendo al pastor celebridad de otro país. ¡Eso no es ser iglesia (Heb. 10:25)!

La iglesia es un cuerpo local y, a su vez, parte de uno global. Es una familia de personas con nombres y apellidos, con los cuales tenemos una relación tangible y espiritual de mutua rendición de cuentas. Los pecados de mis hermanos me afectan y mis pecados les afectan a ellos. Esa es la iglesia local. La iglesia local, entonces, es parte de la iglesia global, pero ningún creyente puede identificarse con la iglesia global sin comprometerse con una iglesia local. Es decir, ningún individuo por sí solo es la iglesia. Ningún pastor ni líder representa a la iglesia en sí mismo. Por definición, la iglesia es un cuerpo de creyentes genuinos, y el pertenecer a la misma no puede ser exigido, reclamado o exclusivo, porque le pertenece solo a Dios conocer a los que verdaderamente son Suyos. Esa es Su promesa y propósito para Su pueblo, los que Él reuniría para sí. Estos versos nos dan un vistazo a la revelación de lo que es el corazón de Dios para Su Iglesia:

Así dice el Señor: «Preserven el derecho y hagan justicia, porque Mi salvación está para llegar y Mi justicia para ser revelada. Cuán bienaventurado es el hombre que hace esto, y el hijo del hombre que a ello se aferra; que guarda el día de reposo sin profanarlo, y guarda su mano de hacer mal alguno». Que el extranjero que se ha allegado al Señor, no diga: «Ciertamente el Señor me separará de Su pueblo». Ni diga el eunuco: «Soy un árbol seco». Porque así dice el Señor: «A los eunucos que guardan Mis días de reposo, escogen lo que me agrada y se mantienen firmes en Mi pacto, les daré en Mi casa y en Mis muros un lugar, y un nombre mejor que el de hijos e hijas. Les daré nombre eterno que nunca será borrado. Y a los extranjeros que se unan al Señor, para servirle, y para amar el nombre del Señor, para ser Sus siervos, a todos los que guardan el día de reposo sin profanarlo, y se mantienen firmes en Mi pacto, Yo los traeré a Mi santo monte, y los alegraré en Mi casa de oración. Sus holocaustos y sus sacrificios serán aceptados sobre Mi altar; porque Mi casa será llamada casa de oración para todos los pueblos». Declara el Señor Dios que reúne a los dispersos de Israel: «Todavía les juntaré *otros* a los ya reunidos» (Isa. 56:1-8).

La iglesia perseguida

La iglesia verdadera, el remanente del pueblo de Dios, aquellos que verdaderamente han puesto su confianza en Su pacto, han atravesado crisis y sufrimiento a través de la historia. La iglesia ha sido y sigue siendo perseguida. La persecución, y no la comodidad, ha sido el filtro y la marca de la iglesia a través de los siglos. De hecho, Jesús prometió que Su Iglesia sería perseguida (Mat. 5:10-11,44; Luc. 6:22; Juan 15:18; Rom. 12:14; 2 Tim. 3:12). Jesús también dijo:

> Les aseguro —respondió Jesús— que todo el que por mi causa y la del evangelio haya dejado casa, hermanos, hermanas, madre, padre, hijos o terrenos recibirá cien veces más ahora en este tiempo (casas, hermanos, hermanas, madres, hijos y terrenos, aunque con persecuciones); y en la edad venidera, la vida eterna (Mar. 10:29-30, NVI).

El mensaje de salvación solo en Dios no inició con la predicación de Jesús. Es el mensaje de toda la Biblia. El que sufrió por el evangelio a través de la historia bíblica es reconocido por Dios como Su pueblo:

> Entonces oí una gran voz en el cielo, que decía: «Ahora ha venido la salvación, el poder y el reino de nuestro Dios y la autoridad de Su Cristo, porque el acusador de nuestros hermanos, el que los acusa delante de nuestro Dios día y noche, ha sido arrojado. Ellos lo vencieron por medio de la sangre del Cordero y por la palabra del testimonio de ellos, y no amaron sus vidas, *llegando* hasta *sufrir* la muerte (Apoc. 12:10-11).

Jesús se toma la persecución de Su Iglesia de manera personal (Hech. 22:7). Sin embargo, no le evita a Su Iglesia la persecución. ¿Por qué? Porque en Su soberanía esto sirve para Su propósito purificador (1 Ped. 1:7) y para gloria de Su nombre. Tanto la iglesia global como la iglesia local pasará por esto. La pregunta es: ¿cómo saldrá nuestra fe? ¿Negaremos a Cristo o levantaremos en alto Su nombre? Nadie podrá separar o arrebatar de Su mano a aquellos que son Suyos, pero solo a aquellos que son Suyos (Rom. 8:32-38).

Cristo y la iglesia

Cristo ama a Su Iglesia. Ama a Sus ovejas. Dio Su vida por ellas. Ningún liderazgo —sea laico, pastor, o algún autoproclamado apóstol o profeta— tienen derecho sobre las vidas de las ovejas. Sí tienen responsabilidad sobre ellas, pero no derecho sobre las mismas. Muchos líderes tratan a la iglesia como si fuera suya, y caen en diversos abusos sobre las ovejas. Este síndrome ha existido, ha sido denunciado y ha sido juzgado por Dios desde tiempos de Jeremías. Y estos hombres darán cuentas por las ovejas, ya que Cristo derramó Su sangre por ellas.

El propósito de la iglesia

¿Cuál es el propósito de la iglesia? Si la iglesia comete tantos errores y desobedece a Cristo, ¿por qué Cristo no solo nos lleva al cielo después de nuestra conversión? Justamente en las debilidades de la iglesia, el poder y la gloria de Cristo se perfeccionan. Su amor por una iglesia imperfecta y rebelde, Su compromiso a santificarla nos hace confiar en Su mano para completar la obra que empezó y adorarlo por Su gran misericordia.

La iglesia existe para ser formados con Cristo. Veamos lo siguiente: Jesús edifica a Su Iglesia, presente desde la creación del mundo en el Antiguo Testamento y en el Nuevo Testamento (Mat. 16:18). Aunque el Señor en este pasaje dice que edificará la Iglesia, toda edificación tiene un fundamento, un inicio no evidentemente visible pero inminentemente existente y necesario. Efesios 2:18-22 nos presenta un fundamento eclesiástico desde antes:

Pues por medio de él tenemos acceso al Padre por un mismo Espíritu. Por lo tanto, ustedes ya no son extraños ni extranjeros, sino conciudadanos de los santos y miembros de la familia de Dios, edificados sobre el fundamento de los apóstoles y los profetas, siendo Cristo Jesús mismo la piedra angular. En él todo el edificio, bien armado, se va levantando para llegar a ser un templo santo en el Señor. En él también ustedes son edificados juntamente para ser morada de Dios por su Espíritu.

En este sentido existen dos posiciones comunes y con algunas variantes. Ambas son consideradas ortodoxas y encuentran validez bíblica. Por un lado algunos creen que la Iglesia está compuesta por todos los creyentes de todos los tiempos. La otra posición, probablemente la más común enseñada en Latinoamérica, es que la Iglesia inicia a partir del Pentecostés. Sin embargo, me gustaría notar, que los creyentes del Antiguo Testamento necesariamente son salvos estando en Cristo. Su fe en la promesa futura de la redención les hace parte de Él. Por lo tanto, creo que estos creyentes no tienen en el reino de los cielos una categoría separada que no sea Iglesia. Al final, los que resuciten en Cristo serán juntamente reunidos a los que están vivos al momento de su regreso. Él establece una sola Iglesia, una sola novia, un solo bautismo, un solo Espíritu que regenera e inserta a estos creyentes en su cuerpo, un solo cuerpo, una sola familia. El fundamento de la Iglesia se estableció desde el principio, con Cristo como la piedra angular permanente. El edificio ha adquirido estructura hasta llegar a ser terminado por el que inició la buena obra y que la completará, con Su iglesia prevaleciendo (Fil. 1:6).

- Él edifica a Su Iglesia desde el principio, haciendo un pueblo para sí, celoso por buenas obras.
- La Iglesia incluye a los salvos *desde el Antiguo Testamento* por la fe en el Mesías venidero (Rom. 4:1-3) y, en el Nuevo Testamento, por fe en el Mesías que vino.

La iglesia imperfecta y santificada

Dios, en el Nuevo Testamento, sigue el mismo patrón del Antiguo Testamento de *reunir* a un pueblo para sí. Según el teólogo Wayne Grudem, la Septuaginta traduce el término *cajal* (hebreo) como *ekklesiaso* (griego), que significa convocar o reunir una asamblea (Deut. 4:10). En otras palabras, en el Antiguo Testamento, Dios reúne para sí una asamblea de personas que lo adoran. En el Nuevo Testamento, Dios reúne para sí una asamblea de personas que lo adoran. Por lo tanto, hay paralelos en ambos testamentos. La iglesia, necesariamente y por definición, debe reunirse de manera regular. No es un cuerpo remoto de creyentes sino un cuerpo reunido. Lamentablemente en nuestros días, este aspecto de la iglesia lo vemos más como sugerencia que como el diseño de Dios para Su cuerpo. Desde el Antiguo Testamento vemos al pueblo reunido alrededor del tabernáculo. Dios es intencional.

Me entristece cómo la pandemia del Covid-19 afectó la perspectiva de reunión personal, y algunos hasta consideran perpetuar el solo reunirse digitalmente. Aunque por un momento o época esto es necesario, no demuestra ser el diseño de Dios para los creyentes ni para Su Iglesia. Una reunión del núcleo familiar en casa es una bendición y una buena práctica. Sin embargo, esta no sustituye ninguna de las figuras congregacionales que vemos en el Antiguo Testamento, ni en el Nuevo Testamento, ni en la práctica histórica de la Iglesia. En el Pentecostés vemos a los creyentes reunidos en el aposento alto, unos 120. En tiempos subsiguientes, mientras no hubo persecución abierta, los creyentes continuaron reuniéndose en el templo, hasta que fue posteriormente destruido en 70 d. C. (Hech. 2:46-47; 5:42).

Algunas características de la iglesia que el Dr. Grudem menciona son: invisible y visible, local y universal (Rom. 16:15; 1 Cor. 16:9). También vemos en la Biblia la iglesia en una ciudad (1 Cor. 1:2). De acuerdo con lo que hemos visto, ¿qué importancia le das a la iglesia local? ¿Estás sustituyendo la iglesia local con algo? Cristo es la cabeza de la iglesia. Si estás en Él eres parte de Su iglesia (Ef. 5:25; 1:22-23).

En la película de *Los Vengadores* de Marvel hay una escena en donde se sentía que la batalla estaba perdida, pero después del chasquido restaurador de Iron Man (a costa de su vida), vemos poco a poco cómo los héroes que habían desaparecido fueron restaurados. Lo más poderoso ocurre cuando el Capitán América grita: «¡Vengadores, unidos!». Una traducción mas literal sería: «¡Vengadores, reúnanse!». ¿Recuerdas lo poderoso de esta escena? Esa es la imagen que debemos tener cuando Cristo llama a Su iglesia a congregarse en cada casa, templo, debajo de árboles, escondidos en un apartamento. ¡La iglesia reunida es poderosa para proclamar las virtudes de Aquel que nos llamó de las tinieblas, a Su luz admirable! (1 Ped. 2:9).

Los misioneros son constantemente llamados a ser pioneros, es decir, iniciar trabajo evangelístico y discipulado donde no hay o donde es muy poco el número de creyentes. Ante esto, no podemos perder de vista la importancia de la *permanencia*. Los misioneros eventualmente nos vamos y lo que permanece es una iglesia local establecida. El término de permanencia fue muy utilizado por Jesús y para eso dejó al Espíritu Santo. Un cristiano que no *permanece* y no tiene una iglesia local es como un globo de helio: *se desinfla con el tiempo*. Un leño puede encenderse y tener mucho fuego, pero al aislarlo se apagará rápidamente. Una fogata, formada por muchos leños, permanece más tiempo encendida. El autor de Hebreos declara la complacencia de Dios ante los Suyos reunidos: «En medio de la congregación [*ekklesía*] te alabaré» (Heb. 2:12, NVI; comp. Sal. 22:22). Por esto hacemos lo que hacemos como iglesia.

Mi iglesia nunca será perfecta porque yo soy parte ella. Solamente si cada uno de los pecadores que la conformamos fuéramos perfectos, entonces la iglesia sería perfecta. Tenemos una meta hacia la cual corremos, tenemos los ojos puestos en el galardón y estamos en el proceso de despojarnos de todo el peso y el pecado que tan fácilmente nos envuelve. Ninguno está excluido.

Las amenazas a la iglesia

La mayor diferencia que el cristianismo evangélico tiene con la Iglesia católica es que la tradición y la autoridad papal están al mismo nivel de infalibilidad que la Sagrada Escritura. Aunque nuestra tendencia es apresurarnos a condenar estas creencias, debemos seguir el mandato de Cristo: revisar la viga en nuestro ojo (Mat. 7:1-6). Lamentablemente, en los últimos treinta años, un fenómeno similar ha infiltrado la iglesia evangélica.

Hoy vemos pastores que no rinden cuenta ni a otros pastores ni a la iglesia. Tenemos el movimiento apostólico moderno, que es muy distinto a los requisitos y propósitos de la iglesia del primer siglo (Hech. 1:16-26), donde muchos se han convertido en millonarios autoritarios, caciques modernos que reclaman autoridad absoluta sobre las ovejas. Esto resulta en muchos creyentes atemorizados, usados y abusados bajo el lema: «No toques al ungido del Señor». Estas prácticas tan fuera de contexto suelen ser repetidas por ovejas no enseñadas apropiadamente en la Palabra, lo que resulta en generaciones de creyentes que han vivido bajo un liderazgo deficiente. A veces, son líderes bien intencionados que no fueron enseñados en la Palabra. En otras ocasiones, son un liderazgo mal intencionado, con el signo de dólares en sus ojos. ¡Qué Dios nos ayude a identificar esta terrible amenaza!

¿Cómo identifico una iglesia bíblica?

Una iglesia bíblica es una iglesia que predica la Biblia. No usa la Biblia para apoyar el mensaje del pastor. El mensaje del pastor es aplicado desde la Palabra y con la Palabra. En una iglesia no bíblica, se dan mensajes positivos y motivacionales, pero comúnmente contradictorios a la Palabra. Una iglesia bíblica es una que llama continuamente al arrepentimiento de pecado. El pecado no es un pequeño error. El pecado no debe ser minimizado, sino confesado entre los miembros de la iglesia. Mi iglesia practica la confesión como un tiempo de oración en el servicio en donde se me recuerda, junto con todos los pecadores congregados ese día, que mi pecado afecta al cuerpo de Cristo del cual soy parte. Por eso la iglesia tiene derecho y responsabilidad de confrontar mi vida si estoy en pecado.

Una iglesia bíblica es una donde el evangelio es central en la vida de la iglesia, no solo una entrada al cielo. Se necesita un llamado constante al evangelio, al arrepentimiento, a la sujeción a Cristo y el entendimiento de que es por gracia por medio de la fe. Una iglesia bíblica declara la obra justa de Cristo y la hace su mensaje central. El evangelio es mucho más que el evangelismo. El evangelio es lo que cada día nos centra en Cristo para caminar Sus pisadas en santificación.

En una iglesia bíblica, la gracia es extendida a los pecadores. No se vive bajo un legalismo que avergüenza a los pecadores, donde en lugar de arrepentimiento hay condenación. Pero tampoco se vive en un libertinaje, donde se deja que cada quién haga lo que quiera. Extender la gracia es amar y amar es corregir.

Una iglesia bíblica también impulsa a las misiones. La misión de la iglesia no es crecer en número. Ese es el trabajo de Dios. El trabajo de la iglesia es glorificar a Dios a medida que hacemos discípulos. Los discípulos no son los «convertidos». El discipulado es responsabilidad de todos los creyentes y el discipulado no se mide en números, sino en parecido a Cristo. La iglesia hace que el nombre de Cristo sea conocido por encima del nombre de la iglesia local, su pastor o su denominación.

La iglesia envía a sus miembros en misión, aunque eso no se refleje en números para su denominación. La iglesia celebra la expansión del evangelio y da sacrificialmente para que el evangelio se extienda donde el nombre de Cristo no es conocido. Envía a sus mejores miembros para continuar, plantar iglesias, establecer y fortalecer el trabajo del evangelio en cualquier parte. La iglesia de Cristo trabaja, intercede y llora por los creyentes perseguidos, orando para que el Señor fortalezca la fe de aquellos que sufren por su fe. La iglesia de Cristo es baluarte de la verdad, la defiende, la cuida y no permite que el falso evangelio prospere. Esto es responsabilidad de cada creyente (Hech. 17:10-11).

Una iglesia bíblica adora a Dios no solo con su música y sus palabras, sino también con sus vidas transformadas, caminando en santidad y transparencia, delante de Dios y de los hombres. No solo expone el evangelio en teoría los domingos, sino que también lo vive cada día de la semana. Esto glorifica a Dios: vidas transformadas por el evangelio, que predican el evangelio a los perdidos.

¿Qué hace que una iglesia sea «iglesia»? Juan Calvino definió así la iglesia verdadera: «Dondequiera que vemos la Palabra de Dios predicada en su pureza, y oída, y el bautismo y comunión administrados conforme a la institución de Cristo, allí no se debe dudar que existe la iglesia de Dios».[1] De igual modo la iglesia representa la familia de Dios (1 Jn. 4:19-20). Por tanto nuestro compromiso con nuestro Padre es honrar, amar, corregir y cuidar nuestra familia. Estamos juntos en Cristo, unidos por un Espíritu que es santo, como hijos de un mismo Padre, bajo una misma fe. Recibimos juntos, nuevos privilegios y nuevas bendiciones como *iglesia*.

Ordenanzas bíblicas

Muchas hemos desarrollado lo que sabemos de las ordenanzas por la práctica o la tradición, haciendo lo que a veces criticamos del catolicismo. Hacemos las cosas por tradición o porque nuestra iglesia siempre lo ha hecho así (no por prácticas de la iglesia en los últimos

---

1. Juan Calvino, *Instituciones de la Fe Cristiana*, 4.1.9.

2000 años, sino de una iglesia local por apenas unas décadas). Seguimos la tradición, pero nunca basada ni examinada bajo la luz de la Palabra. El bautismo (Mat. 28:19-20; Mar. 16:16; Juan 3:5; Hech. 2:38; Rom. 6:3) y la comunión del Señor (Luc. 22:19; 1 Cor. 11:24) son las dos ordenanzas bíblicas que fueron comandadas por Jesús para testimonio e identificación de Su pueblo con Él. Deben ser practicadas de manera corporativa, como testimonio público.

El abuso espiritual

La mayoría de nosotras hemos oído esta frase: «No tocarás al ungido del Señor». Suele usarse para poner a un ministro a una posición elevada y exigir un trato especial para él. Pero el ungido del Señor, en la Palabra, es el Señor Jesucristo. Ninguno de los apóstoles en el Nuevo Testamento utilizó ese lenguaje para referirse a sí mismo. Esta historia es una sección descriptiva. No es prescriptiva. Y como se trata del género literario de narrativa histórica, está narrando lo que David hizo. Esta sección no busca establecer una teología del liderazgo, mucho menos busca darle licencia para pecar y abusar a líderes que al ser confrontados manipulan a las ovejas que Cristo compró, con temor a que algo malo les pueda acontecer. Muchos líderes en su pecado y prácticas de abuso espiritual utilizan esta frase para evitar enfrentar las consecuencias y la descalificación al ministerio, que bíblicamente debería hacerse: falta de arrepentimiento, orgullo narcisista, utilitarismo, mal manejo de fondos, codicia, uso de los fondos de la iglesia para aspectos personales, ocultar y engañar a la congregación, inmoralidad sexual, adicciones, abuso sexual y violencia, arranques de ira desenfrenada o lenguaje obsceno. Todas estas cosas pueden ser bases para descalificar del ministerio a líderes cristianos. Un líder que no da fruto de carácter y que se desvía de la palabra de Dios, pierde el respaldo de Dios. La expresión de «no tocaré al ungido del Señor» fue una decisión personal de David, no un mandato para los hijos de Dios y mucho menos aplicable a la iglesia. No es bíblico usarla para hacer a pastores y líderes «intocables».

Todo lo contrario, en el Nuevo Testamento solo era usado el término *apóstol* para corroborar el mensaje del evangelio para el establecimiento de la Iglesia. Los requisitos de un apóstol fueron dados en Hechos 2. Hoy en día, los únicos oficios que permanecen son el de obispo-anciano-pastor (usados como términos intercambiables) y el de diácono. Bíblicamente esos son los únicos oficios que hoy están vigentes, por tanto el proclamarse apóstol o profeta no es bíblico.

Otro concepto común es el de que la palabra del siervo es infalible y tiene poder. Ninguna figura eclesiástica que enseña tiene autoridad apostólica, como lo tienen los libros de la Biblia. Nada de lo que enseñe una persona tiene poder si Dios no lo afirma o apoya. Muchas creyentes viven en temor constante de lo que el líder diga o no diga. Cristo nos llamó a libertad, pero viven esclavas al punto que si no dicen «no lo recibo», asignan poder a esa palabra humana, prácticamente por encima de la Palabra de Dios. No confundamos las consecuencias naturales, con el poder sobrenatural. Pensar que la muerte y la vida están en nuestras palabras es sacar de contexto la Escritura y tiene a creyentes temerosos de decir o que se les diga cualquier cosa».

Una vez, un líder cristiano me conjuró en el nombre del Señor que nada de lo yo hiciera prosperaría, solo porque decidí cambiar de iglesia. Es la única vez en 38 años de creyente que me cambié de iglesia. El dolor y el temor que sentí en mi corazón no pueden ser expresados claramente en estas líneas. Por semanas eso me mantuvo viviendo en temor. Después, mi pastor actual me aclaró que las ovejas son de Cristo y que nadie tiene poder sobre una oveja que le pertenece a Él. Así pude empezar a experimentar una libertad cristiana como nunca.

Hay razones serias por las cuales Jeremías 23 nos llama a confiar en el Gran Pastor de las ovejas. El Señor habla seriamente en contra de los falsos maestros, aun aquellos que sacan demonios y hacen milagros, pero por su carácter, moralidad y reputación demuestran con sus vidas que realmente no conocen a Cristo.

¿Cómo identificar un líder no bíblico?

La Palabra nos deja parámetros claros que deben ser suficientes y autoritativos. No son meras sugerencias, sino mandatos de Dios:

Porque habrá hombres amadores de sí mismos, avaros, vanagloriosos, soberbios, blasfemos, desobedientes a los padres, ingratos, impíos, sin afecto natural, implacables, calumniadores, intemperantes, crueles, aborrecedores de lo bueno, traidores, impetuosos, infatuados, amadores de los deleites más que de Dios, que tendrán apariencia de piedad, pero negarán la eficacia de ella; a éstos evita (2 Tim. 3:2-5, RVR1960).

El mandato es evitar este tipo de líderes. Es responsabilidad de cada creyente asegurarse de que está en una iglesia con liderazgo, aunque no perfecto, sometido a la Biblia en práctica y no solo en palabra. Que no sean su apariencia de piedad y palabras autoritativas, sino su vida de devoción a Dios, humildad, amor por la iglesia y compromiso con la santidad las marcas que nos lleven a someternos.

Las prácticas de los falsos maestros no son bíblicas. Dios no nos llamó a sacar la Palabra de contexto para que los demás teman o nos acepten. De toda palabra vana y corrompida, que no sea buena, ni fiel a lo que la Biblia enseña, daremos cuenta (Mat. 12:36; Col. 4:6).

El poder corrompe. He visto demasiados líderes, pastores y ministros que sirvieron en su momento fiel y ejemplarmente al Señor, pero al ganar adeptos, poder o popularidad se enseñorearon de las ovejas del Señor y pidieron un nivel de lealtad a sí mismos. Estos líderes han establecido pequeños reinados de terror y manipulación, dejando a muchos hermanos vivir en miedo.

Un remanente: la iglesia verdadera

En todo tiempo y era de la iglesia ha habido personas no genuinamente creyentes, y al mismo tiempo un remanente (2 Rey. 19:4;

Apoc. 7:14; 14:1). Ese remanente se caracteriza por su fidelidad a la Palabra de Dios, por su continuo arrepentimiento y confrontación del pecado, y por su disciplina, amor, sacrificio y generosidad. Los líderes verdaderos eran conocidos por esto.

Los discípulos de Cristo serían conocidos en su amor los unos por los otros. La forma en la que nos amamos da testimonio. Aquí varios puntos de lo que una iglesia verdadera debe demostrar.

1. Da testimonio de que Cristo vive en nosotros, no solo de manera individual sino también corporativa (Gál. 2:20; 1 Tes. 1:5).

2. Proclama al mundo el verdadero evangelio (Sal. 145:10-12; Hech. 5:42; Rom. 15:20).

3. Muestra el poder transformador, sustentador, santificador y unificador del evangelio. Es una contradicción proclamar ese evangelio y no vivirlo, negando así «la eficacia» de la piedad (Rom. 1:16; 2 Tim. 3:5).

4. Nos ayuda a vivir nuestra libertad cristiana a la luz de la verdad. La iglesia es «columna y baluarte de la verdad» (1 Tim. 3:15). Verdad sin libertad no es lo que Cristo prometió, sino legalismo. Libertad sin restricción es libertinaje. Libertad es la capacidad que tengo en Cristo para escoger lo bíblicamente correcto, sin agregarle ni quitarle a la Palabra (Mat. 15:7-9; Mar. 7:7; Tito 1:14; Gál. 5:13; Sant. 1:25; 2:12-14).

5. Nos guía a la voluntad de Dios: nuestra santificación. Nadie es santificado de manera aislada. Desde los principios del pueblo de Dios, Él ha santificado a Su pueblo no solo a través de su servicio, sino también a través de su vida comunitaria. Estar con otros deja en evidencia los pecados y maneras de pensar que son contrarios a la Palabra, y que necesitan ser cambiados con base en la Santa Palabra de Dios.

Estas solo son algunas de las implicaciones de una perspectiva correcta acerca de lo que la Biblia nos enseña de la iglesia. Necesitamos una evaluación iluminada por el Espíritu Santo, bajo el reflejo y escudriñamiento de la Palabra de Dios, de cómo está nuestra vida y relación con la iglesia de Cristo. Es una gran contradicción amar a

Cristo y aislarnos de Su iglesia. El dejar de congregarnos no tiene excusa y es una rebeldía abierta a lo que la Palabra de Dios enseña (Heb. 10:25).

El futuro de la iglesia

A veces, tenemos una visión muy corta de la iglesia. Podemos imaginarnos cómo habitarán juntos «el cordero y el leoncillo» (Isa. 11:6; 65:25), pero no cómo estaremos bautistas, pentecostales, metodistas y no denominacionales juntos disfrutando a Cristo en la eternidad. Debiéramos soñar con ese día cuando ni nuestro pecado ni nuestras interpretaciones personales nos separarán. Al final, en el cielo no habrá un barrio bautista y uno pentecostal. Allí no habrá templo ni tribus eclesiásticas porque Dios será nuestro templo (Apoc. 21:3,22). No sé qué instrumentos usaremos. No sabemos si habrá danza o no. Pero sí sabemos que personas de toda tribu lengua y nación (con sus diferencias culturales, porque Juan identificó que eran de diferente procedencia) estaremos *juntos* adorando al rey.

Espero que nadie se quiera regresar del cielo porque tenga que compartirlo con hermanos de otras doctrinas no primarias. Ahí no se necesitará discernimiento, porque la palabra final de Dios dirá quién ha sido aprobado o no, a través de fe en el Cordero de Dios. Nuestro enfoque no será pelearnos unos con otros por lo que consideramos fidelidad bíblica. Todos los que estaremos será porque hemos sido aprobados por el gran Rey. ¡Qué mejor aceptación! Ahí no existirán títulos, ni posiciones ministeriales, ni obras que nos hagan aceptos. En el cielo estará nuestro templo, nuestra luz, nuestra esperanza eterna: el Cordero de Dios.

Conclusión

El filósofo y pensador cristiano Francis Schaffer dijo: «El cristianismo no es meramente verdad religiosa, es verdad total; verdad acerca de toda la realidad».[2] La iglesia proclama *no solo con su mensaje, sino con su vida, afecto, fidelidad, práctica, administración y servicio* ante los incrédulos, las naciones, los gobiernos, las sociedades, los grupos marginados y el mundo entero. Que nuestra vida y testimonio, corporativo e individual, no empeñe la gracia redentora del precioso Señor al que llamamos nuestro, y de nuestro Padre, cabeza, defensor y redentor.

Cristo no se contentó con salvar personas individuales. Él está desde el principio formando a través de la redención un pueblo para sí mismo. Este pueblo en su forma corporativa se convierte en agente transformador de individuos, matrimonios, familias, culturas, naciones y países. Hay un poder del que los creyentes individuales carecen, porque en la soberanía de Dios es un poder que debe ser ejecutado como cuerpo, como iglesia, como pueblo y familia que Dios ha redimido para sí mismo. En esa forma corporativa, a través de la obediencia de individuos con un mismo Espíritu, un mismo bautismo, una misma fe, se puede ser el agente misionero transformador de culturas completas y sociedades.

Oración

«Señor, gracias… Tu misericordia me alcanzó y ahora soy parte de la familia, de la Iglesia. Que pueda ser un testimonio fiel de Cristo, junto a mis hermanos y hermanas de batalla. Que siempre pueda adorarte, discipular e ir en misión. Y que estas tres cosas las haga en comunidad. Quiero ser más abierta, depositar mi vida en otras personas en comunidad y en humildad para servirles bien. Que nunca se me suba a la cabeza que soy más que una hija tuya. No necesito más y mi misión es tu misión. Mi vida es tuya, mis anhelos son tuyos, tu Palabra es mi sostén».

---

2. Citado en Nancy Pearcey, *Total Truth* [Verdad total] (Wheaton, IL: Crossway, 2008), 13.

CAPÍTULO 9

Misiología

¿Qué dice la Biblia acerca de la misión de la Iglesia? Por un lado está la misión de Dios y, por el otro, la misión de la Iglesia. Aunque hay puntos de convergencia, no son lo mismo. Hay aspectos de la misión de Dios que la Iglesia no es capaz de lograr y que no está llamada a cumplir. Por ejemplo, convencer de pecado a alguien (Juan 16:8; 1 Tes. 1:5), regenerar personas (Tito 3:5), cambiar corazones y transformar vidas (1 Sam. 10:6), sostener y controlar la creación (Col. 1:17), dar mandatos a los ángeles (Sal. 78:49; 103:20; Mat. 13:39), esto solo Dios puede hacerlo.

En una familia hay responsabilidades dentro de sus relaciones. Hay cosas que no le corresponden a un hijo, aunque a veces les toque desarrollar un rol específico. Hay aspectos de la vida familiar que son insustituibles y no intercambiables que les corresponden solo a los padres. Esto no anula ni minimiza la responsabilidad de los hijos. De igual forma hay aspectos de la misión que corresponden a Dios y otros que Dios soberanamente escoge llevar a cabo a través de seres humanos individuales, de Sus ángeles y de Su Iglesia.

Cuando la iglesia no entiende su identidad, no entiende su misión. Es fácil y común confundir identidad con misión. La misión es buena cuando se hace desde una identidad correcta. Pero ninguna misión tiene la capacidad de proveer una identidad. Aun la misión evangelizadora, el gran llamado a hacer discípulos y a establecer la iglesia de Cristo tienen fecha de caducidad. Cuando Cristo regrese por Su iglesia, todo esto terminará. Pero nuestra identidad de hijos, de ser parte del cuerpo y la novia de Cristo, trasciende a la eternidad (Miq. 4:5; Apoc. 20:4).

En este capítulo cubriré el tema de misiología; es decir, el estudio de la misión de la Iglesia. Lo haremos, por supuesto, desde una perspectiva bíblica, y comenzaremos con el tema de la misión de Dios y la misión de la iglesia.

La misión de Dios y la misión de la Iglesia

La misión de la Iglesia es llevar a cabo los propósitos de Dios encomendados en Su Palabra (Mat. 28:19-20). Por la autoridad puesta en Cristo, no la nuestra, llevamos a cabo esa misión. Examinemos algunos principios en 2 Corintios, donde Pablo, el apóstol y misionero a los gentiles, responde varias preguntas respecto a la misión de Dios en relación a la misión de la Iglesia:

Así que hemos dejado de evaluar a otros desde el punto de vista humano. En un tiempo, pensábamos de Cristo solo desde un punto de vista humano. ¡Qué tan diferente lo conocemos ahora! Esto significa que todo el que pertenece a Cristo se ha convertido en una persona nueva. La vida antigua ha pasado; ¡una nueva vida ha comenzado! Y todo esto es un regalo de Dios, quien nos trajo de vuelta a sí mismo por medio de Cristo. *Y Dios nos ha dado la tarea de reconciliar a la gente con él.* Pues Dios estaba en Cristo reconciliando al mundo consigo mismo, no tomando más en cuenta el pecado de la gente. Y nos dio a nosotros este maravilloso mensaje de reconciliación. Así que somos embajadores de Cristo; Dios hace su llamado por medio de nosotros. Hablamos en nombre de Cristo cuando les rogamos: «¡Vuelvan a Dios!» (5:16-20, NTV).

Como vimos en estos versículos, en la misión de la iglesia hay implicaciones físicas y espirituales. Indiscutiblemente la centralidad de la misión es la predicación del evangelio, el hacer discípulos de todas las naciones. Dios transforma al ser humano y les da una misión a los que proclaman Su nombre: hacer discípulos de todas las naciones. Pero esos discípulos, como parte de la misión de hacer discípulos, tienen responsabilidades. Y esas responsabilidades no son exclusivamente de índole inmaterial.

Utilicé intencionalmente el término *inmaterial* porque lamentablemente se ha enseñado por muchos años una dualidad en la vida y misión de los discípulos de Cristo. Las cosas espirituales se han enseñado como las cosas que tienen que ver con los aspectos inmateriales del ser humano y la obra de Dios, como si Él estuviera interesado solo en eso (Hech. 3:21). Sin embargo, un examen más detallado de la Escritura y una lectura apropiada de sus historias nos revelan varios principios. Dios restaura todas las cosas y, a través de toda la historia de la redención, ha responsabilizado a Su iglesia —a Su pueblo— el aliviar, facilitar, invertir tiempo, esfuerzo y dinero en el florecimiento humano y el sufrimiento, sobre todo de los oprimidos y los más débiles.

Cuando Cristo vino a la tierra, y nos dejó como ejemplo Su vida para el cumplimiento de Su misión. No vimos a un Cristo solo predicando. Cristo sanó enfermos, mostró compasión a los oprimidos, sanando dolencias físicas y proveyendo incluso para el pago de los impuestos.

Vivir la vida cristiana como si no estuviéramos de este lado de la eternidad niega indirectamente que Dios es Dios sobre todo. La creación, el cuerpo humano, las emociones, los sentimientos, la moral humana y el funcionamiento de la sociedad son cosas que conciernen a Su gobierno. Él demanda la restauración de la adoración a Su nombre y el sometimiento de todas las cosas. Por tanto, no debería extrañarnos que los creyentes tengan la responsabilidad, siendo reyes y sacerdotes para nuestro Dios, de estar involucrados en aspectos no solo de la vida espiritual, moral, emocional e interna de las personas, sino también en el funcionamiento de todas las cosas, de manera tal que el mundo vea la grandeza, la misericordia y los atributos de Dios.

Por tanto, cuando los creyentes se involucran en la dignidad y defensa de la vida desde el nacimiento hasta la muerte, en la causa del huérfano, en la lucha contra la opresión, el alivio de la pobreza, en la provisión para problemas de desnutrición, en la creación de empleos, en leyes justas de acuerdo a la revelación de la ley de Dios, en no desperdiciar y usar de manera sustentable los recursos naturales, en la protección de las especies creadas por Dios, en el cuidado de ciudades para habitar en paz, en el establecimiento del orden público, en cocinar, en limpiar, en reparar zapatos, en hacer muebles, en ayudar en los quehaceres del hogar, en la instrucción de jóvenes, en conducir vehículos, todo esto debe ser realizado correctamente para la gloria de Dios (1 Cor. 10:31).

Si tú y tu iglesia viven para Cristo, su misión transformadora y testimonio público *brilla* al dar gloria a Su nombre y declarar la restauración de todas las cosas al orden que Dios ha establecido para que funcione. En Romanos, Pablo dice:

> Porque el anhelo profundo de la creación es aguardar ansiosamente la revelación de los hijos de Dios. Porque la creación fue sometida a vanidad, no de su propia voluntad, sino por causa de Aquel que la sometió, en la esperanza de que la creación misma será también liberada de la esclavitud de la corrupción a la libertad de la gloria de los hijos de Dios (8:9-22).

A partir de la caída del hombre, todo dejó de funcionar como debía. Lo bueno en gran manera dejó esos términos. Por tanto, la restauración del hombre a Cristo debe colocarnos en un camino que conquista dichas disfunciones y nos apunta a la esperanza de un final donde, bajo el dominio de Dios, todas las cosas funcionan. Pero cuando los creyentes nos involucramos en la política para nuestra propia fama y beneficio, cuando nos dejamos engañar por nuestra avaricia, podemos usar excusas, con apariencia de piedad, solo para pecar (2 Tim. 3:5). Los escogidos de Dios no pueden ser dados a las ganancias deshonestas o a la búsqueda de reconocimiento personal. El pensar que el dinero de la iglesia les pertenece a los líderes es contrario a lo que la Biblia enseña. Este no es solo un principio para la iglesia del Nuevo Testamento, sino también para todo el que sirvió a Dios a través de toda la historia (Ex. 18:21; 1 Sam. 8:3; Ezeq. 22:13; 1 Tim. 3:8; Tito 1:7-11).

Recuerdo que, hace unos años en mi país, varios creyentes llegaron a posiciones altas gubernamentales. En varios casos, estos «creyentes» fueron descubiertos en casos de corrupción administrativa. Recuerdo otro caso en Singapur en 2015, donde los líderes de una iglesia fueron condenados por mal uso de fondos, trayendo vergüenza al nombre de Cristo y dañando la misión de la iglesia. El fundador de la iglesia *City Harvest*, Kong Hee, quien estaba casado con la cantante Ho Yeow Sun, utilizó fondos de la iglesia, junto a otros cinco líderes, para promover la carrera de su esposa. Singapur es un lugar donde hay alta presencia musulmana e hinduista. En vez de ser testigos, su mal testimonio dificultó la misión en ese lugar. Lamentablemente, en Latinoamérica hemos visto esto como algo normal, a pesar de que la Biblia y muchas leyes locales condenan estas prácticas.

El sufrimiento y la misión de Dios

La misión de Dios implicó el sufrimiento de Cristo. El mismo sufrimiento nos espera a los que llevamos Su misión en la tierra (2 Tim. 2:3,9). El sufrir por Cristo y por causa de Su misión es inevitable: «Porque a ustedes se les ha concedido por amor de Cristo, no solo creer en Él, sino también sufrir por Él, teniendo el mismo conflicto que vieron en mí, y que ahora oyen que está en mí» (Fil. 1:29-30). En tales momentos, Dios promete caminar con nosotros en el sufrimiento por llevar a cabo Su misión.

Pero Dios nos advierte cuando el sufrimiento viene como consecuencia de nuestro pecado: «Que de ninguna manera sufra alguno de vosotros como homicida, o ladrón, o malhechor, o por entrometido. Pero si *alguno sufre* como cristiano, que no se avergüence, sino que como tal glorifique a Dios» (1 Ped. 4:15-16, LBLA). De tal modo, el cumplimiento de la misión debe hacerse de forma honesta. La misión desde una perspectiva bíblica no es activismo ni da posición. Se refiere a testimonio, sacrificio, servicio y predicación. Los que son salvos se ven a sí mismos como parte de la iglesia, no por encima de ella, participando como iguales sin importar la asignación que Dios les haya confiado (Hech. 11:26).

¿Cómo llevar a cabo la misión?

En la Biblia, el fin no justifica los medios. A Dios le importa tanto que Su misión se lleve a cabo como que esa misión sea hecha a la manera de Dios, con humildad. La predicación del evangelio y el hacer discípulos, el establecimiento y la edificación de la iglesia (como cuerpo de Cristo, no como edificio) no solo deben ser cumplidos, sino hechos con el corazón correcto. No estamos en el negocio del establecimiento de nuestros pequeños reinos o de nuestra pequeña gloria. Buscamos la gloria de Aquel que nos salvó. No agrandar una red de franquicias o el nombre de una iglesia, sino que el nombre de Cristo sea exaltado. ¿Es esto notorio en tu vida y en tu iglesia?

La misiología estudia la historia de la misión y sus métodos, con el fin de aprender de aquellos que fueron delante de nosotros. Tiene la intención de aprender de sus errores y aciertos, buscar en la Biblia las respuestas a nuestras dudas. Pero es vital para que la misión de Dios se haga a la manera de Dios. Bíblicamente, la iglesia debe enfocarse en lo que Dios le ha encomendado, entender las atribuciones de la misión de Dios (*missio Dei*).

¿Por qué es esto importante? Hay miles de cosas buenas que cualquier ser humano puede hacer, pero hay ciertas cosas como el evangelismo y el hacer discípulos que solo la iglesia de Jesucristo puede hacer, cosas que tienen significado eterno. La distracción en muchas cosas buenas pero no primordiales, puede distraer la misión de la iglesia. Podemos pensar que estamos haciendo muchas cosas para Dios y que todas esas cosas no sean lo que Dios demanda. Él ha encargado un misión específica a Su iglesia en cualquier época de la historia humana.

La misión de la iglesia tiene como centro el evangelio. Sin el evangelio, todo ministerio de misericordia se convierte en trabajo comunitario, con el ser humano en el centro y, por tanto, con fecha de caducidad. Para que lo que hagamos tenga significado eterno, como es el llamado del creyente, esto debe tener como centro el evangelio y como fin la gloria de Dios.

¿Cómo ponemos el evangelio en el centro? Llamando malo a lo malo y bueno a lo bueno, llamando al arrepentimiento (Isa. 1). La Biblia nos instruye en cuanto al servicio al oprimido y al enfermo (Miq. 6:8), pero si bien tenemos la clara instrucción de atender las necesidades físicas, es central el mensaje de denunciar el pecado y llamar al arrepentimiento.

Generalmente, nos enfocamos en el *qué* de esta misión. Pero él *cómo* de la misión es igual de importante. Por ejemplo, si para construir una iglesia se reciben fondos del narcotráfico, a sabiendas de la proveniencia de esos fondos, eso no honra a Dios. Si como misionera, recibo ofrendas de un dinero robado, sabiendo que ese dinero fue robado, eso no honra a Dios. Si para establecer iglesias mantengo mi vida de inmoralidad sexual en secreto, esto no honra a Dios. Cuando tapamos a un líder que ha abusado sexualmente de la iglesia o ha maltratado a su familia, eso no honra a Dios. El cómo cumplimos la misión y la motivación del corazón son sumamente importantes en cuanto a nuestra práctica misionera:

> Por esta razón un líder de la iglesia debe ser un hombre que lleve una vida intachable. Debe serle fiel a su esposa. Debe tener control propio, vivir sabiamente y tener una buena reputación. Con agrado debe recibir visitas y huéspedes en su casa y también debe tener la capacidad de enseñar. […] Pues, si un hombre no puede dirigir a los de su propia casa, ¿cómo podrá cuidar de la iglesia de Dios? (1 Tim. 3:2,5, NTV).

Metas personales por encima de la misión de Dios

He visto mucho en más de 12 años como misionera transcultural a tiempo completo y dedicándome a entrenar misioneros. Muchos misioneros salen con complejo de aventurero o con complejo de salvador. ¿Puede Dios usar motivaciones erróneas? Claro. Pero no se complace en eso. Vemos esto en el ejemplo de Pablo hablando a la iglesia en Filipos: «Algunos, a la verdad, predican a Cristo por envidia y contienda, pero otros de buena voluntad» (Fil. 1:15). Él estaba en paz, pues de todas formas el evangelio estaba siendo predicado. En esta situación, el apóstol Pablo no está justificando a los que predican el evangelio con una mala motivación ni los libra de responsabilidad. Su punto es que Dios puede usarlo para avanzar Su misión, pero ellos darán cuenta a Dios de su motivación pecaminosa.

¿Ves cómo la misiología tiene tanta relevancia para Dios? Todo lo que hagamos de palabra o de hecho, estamos llamados a hacerlo como para el Señor, y no para los hombres (Col. 3:23-24). El Señor escudriña las motivaciones del corazón. El Señor aprueba y desaprueba métodos. Por eso, no debemos autoengañarnos como creyentes y como iglesia, en que todo está bien mientras las cosas se hagan, sino que debemos prestar atención a cómo se lleva a cabo la misión. La misión de Dios, hecha a la manera de Dios, da gloria a Dios. La misión de Dios, hecha a la manera del hombre, desvía la atención del Único que merece la gloria.

De igual forma, tenemos que dejar a un lado el protagonismo. La misión bíblica tiene en el centro a Dios, no al ser humano. Cuando nos enfocamos en hacer cosas para cumplir nuestro llamado, darnos sentido de propósito y cumplir nuestros sueños, tendemos a ponernos en el centro. Esto es actuar fuera del llamado de Dios para Su gloria. Como iglesia, estaríamos fallando y no seríamos «buenos siervos y fieles» (Mat. 25:23).

Uno de los mayores retos de la iglesia en cuanto a la misión que Cristo nos encomendó es tratar «la viña del Señor» y el mundo como si fuéramos propietarios, y no como siervos a los que un día se les pedirán cuentas. Dios es dueño y Señor de la misión y nosotros Sus enviados que debemos regresar a Él con cuentas fieles y buenas. En cuanto a la misión, solo hay siervos fieles e infieles. ¿En qué grupo nos encontramos como mujeres y como iglesia?

La misión sin denunciar el pecado, llamar al arrepentimiento y apuntar a la esperanza en Cristo es activismo religioso. El evangelio, a diferencia de lo que se ha hecho popular, *requiere por naturaleza comunicar un mensaje*. Este mensaje no tiene la intención de ofender, sino de llamar al arrepentimiento, lo que resulta ofensivo para muchos: «¡El mensaje de la cruz es una ridiculez para los que van rumbo a la destrucción! Pero nosotros, que vamos en camino a la salvación, sabemos que es el poder mismo de Dios» (1 Cor. 1:18, NTV).

Un misionero sin predicación del evangelio y sin hacer discípulos está confundido y se mueve entre dos cosas distintas a la misiología bíblica: es un mentiroso o es un humanista. El trabajo humanitario puede ser parte de la misión, pero esto no lo hace un misionero desde el punto de vista bíblico.

He estado involucrada con niñez desvalida o en riesgo por más de 25 años. Me he enfocado en el trabajo con adolescentes y universitarios por la misma cantidad de tiempo, aun como docente. Muchas de esas cosas son encomiables, pero si el evangelio hubiera sido un subproducto en todo esto y no el centro de todas estas actividades, no estaría cumpliendo con la misión de Dios. La vida del cristiano y todas sus actividades están centradas en el evangelio.

Tristemente he sido testigo de cómo el evangelio se ha convertido en activismo. La iglesia en Mongolia, donde el evangelio entró en 1991, hace unos años era la que más misioneros enviaba per cápita. A pesar del poco número de cristianos, los pocos que había reconocían que el ADN de la Iglesia de Cristo es enviar. La misión es integral y no solo se lleva a cabo con pasión. La misión se lleva a cabo con fidelidad. La fidelidad se expresa en al menos dos formas: perseverancia y verdad. Muchos pueden permanecer muchos años enseñando cosas que escucharon de otros, pero no necesariamente son fieles a lo que la Palabra de Dios enseña.

El mal entendimiento de la misión también ha traído mucha frustración. Personas han salido al campo y han regresado mucho antes de lo que pensaron. Una estadística dice que menos del 50 % de las personas que salen al campo terminan sus primeros dos años de servicio. Esto no solo frustra al misionero, también es frustrante para la iglesia que lo envió. Estamos llamados a cuidar los unos de los otros, a llevar los unos las cargas de los otros, pero eso no nos da un título de propiedad sobre un ministerio o la iglesia. La misión *no es la identidad del cristiano*. Cristo, solo Cristo lo es.

El fin de la misión: La gloria de Dios

Un día estuve predicándole el evangelio a mi papá. En los días subsiguientes, sería intervenido en una cirugía de alto riesgo. Hasta ese momento, mi papá no se identificaba como cristiano. Como misionera, lidié por muchos años con la incredulidad de mi papá. Pero, un día, él no pudo ocultar sorpresa cuando le dije que el ser misionera no me ganaba puntos con Dios. Que delante de Dios su vida y salvación eran de igual importancia ante los ojos de Dios. Que al mensajero del evangelio no se le tiene que agradecer por predicar el evangelio, porque al final Cristo fue el que derramó Su sangre por él.

Toda gloria, todo agradecimiento, debe ser dirigido al Autor y Consumador de nuestra fe (Heb. 12:2). Solo Dios efectúa la salvación. Si María le hace un préstamo a Rafael para pagar una deuda y me pide a mí que lleve el cheque, no merezco reconocimiento y mucho menos gloria ni agradecimiento. María, quien prestó el dinero, es quien debe recibir la gloria.

Los ministros del evangelio no merecemos la gloria por un evangelio que predicamos del cual no somos autores, ni sustentadores, ni nuestra sangre ha salvado ni justificado a ningún individuo (Ef. 2:8-9). Solo Cristo. Necesitamos examinar si estamos siendo fieles a este llamado y si estamos haciendo discípulos de Cristo como la perspectiva frontal de nuestra vida. Debemos preguntarnos si lo hacemos para la gloria de Dios, o si nos convertimos en ladrones de gloria (aunque con nuestros labios digamos otra cosa). Dios no comparte Su gloria con nadie (Isa. 42:8). Esto es serio. Debemos examinarnos profundamente como individuos y como iglesias. Que el Espíritu Santo nos escudriñe, revele nuestros corazones y nos instruya por el camino recto (Sal. 139:23-24).

Una reflexión final

Mi propósito no es generalizar ni acusar, sino que reflexiones y evaluemos nuestras vidas e iglesias. En más de 25 años en misiones interculturales e interdenominacionales, es mucho lo que he escuchado. En Latinoamérica, Filipinas y Taiwan, escuché que si alguien no da para ser médico o ingeniero, entonces debería ser pastor o misionero. Esas son expresiones de padres y aun líderes cristianos que he escuchado directamente. Esa cosmovisión no es bíblica, y mucho menos va de acuerdo al ejemplo de Dios.

Dios siempre envió lo mejor. Sobre todo, a Su Hijo. Envió a Pablo, el erudito maestro. Envió a los doce, los que más de cerca caminaron con Jesús. Lucas, el médico, a pesar de ser escritor de dos libros del Nuevo Testamento, continuó sirviendo en el campo. No fueron celebridades prósperas por sus escritos ni buscaron adeptos que les pidieran autógrafos. Ellos no se quedaron dando órdenes a los nuevos creyentes y diáconos, reclamando jerarquía. Ellos fueron los primeros en entregar sus vidas por el evangelio. Dios no le dejó el trabajo de las líneas al frente de batalla a los más débiles en la fe.

Estas son algunas de las frases más comunes que he escuchado:

- «Los latinos no tenemos dinero»
- «Hay mucho trabajo por hacer en Latinoamérica»
- «El pastor no siente que tu llamado sea ir»
- «Te apoyamos en oración, pero no tenemos dinero»

A pesar de su situación, la iglesia venezolana todavía está enviando. La iglesia naciente en Mongolia es la iglesia con más enviados per cápita, a pesar de tener lugares dentro de su nación aún sin alcanzar.

Existe un grave pensamiento en algunos: «Me puedo ir solo, aun si mi iglesia no me envía». Este es un grave error doctrinal y práctico. En la Biblia, todos los llamados fueron enviados. Enviados por otros creyentes maduros, no solo por el Dios del universo. Es cierto que Dios envió a Juan el Bautista para validar el testimonio de Cristo. Pero se trataba de Cristo, no de Juan ni de su llamado. Ananías y Bernabé dieron testimonio de la conversión y el llamado de Pablo. Luego la iglesia de Antioquía envió a Pablo y a Bernabé. Los discípulos fueron enviados por Jesús y fueron enviados en equipos, nunca de manera individual. Como cuerpo, la iglesia se debe mover de manera corporativa. Los misioneros menos exitosos, y que más daño hacen en el campo, son aquellos que, en su inmadurez, quieren conquistar el mundo sin la ayuda de otros. Son estos mismos los que se enojan y se resienten con la iglesia local por falta de apoyo. Mi propósito, por cierto, no es invalidar una frustración real de muchos que sienten el llamado misionero, que sirven con fidelidad en su iglesia local y esta se niega a enviarlos solo porque no los quieren dejar ir.

Si Dios llama a alguien, es el rol de la iglesia orar para que Dios lo envíe y confirme, mientras nosotros lo afirmamos, enviamos y sostenemos. Ese es el modelo bíblico. He escuchado a muchos pastores que están dispuestos a enviar al que no hace mucho. Nadie envía a los peores atletas a las olimpiadas. Los campos misioneros deberían estar llenos de nuestros creyentes más sanos, robustos, teológicos, serviciales, y los que más amamos en nuestras congregaciones.

Si la iglesia se niega a enviar, estamos desobedeciendo. Si la iglesia está orando como Cristo mando a orar: «Rogad, pues, al Señor de la mies, que envíe obreros a su mies» (Mat. 9:35-38, RVR1960; Luc. 10:1-2) debemos esperar y responder cuando el Señor responde esa oración desde nuestras propias bancas. Dios llamará a nuestros miembros más amados y fructíferos, aun a nuestros propios hijos.

Amiga, ¿cuál es tu parte en la misión de Dios? Sin importar si la consideras pequeña o grande, la pregunta es: ¿vas a obedecer? ¿Cómo puedes ser parte? No te tardes en responder al Señor digno para el cual vivimos.

Oración

«Señor, te pido perdón por las veces que me he enfocado más en ser feliz que en gozarme en cumplir tu voluntad. Tú revelaste tu voluntad cuando nos diste la comisión de hacer discípulos de todas las naciones, a medida que caminamos de este lado de la eternidad. Te pido perdón por las veces que, por comodidad, he sido negligente a este llamado. Sé que este gran tesoro que tenemos en vasos de barro no me pertenece y tu gracia tiene que ser proclamada. Dame el denuedo y mueve a tu iglesia a hacer, por amor a ti y para tu gloria, lo que nos has encomendado. Gracias por tu gracia derramada sobre el mundo. En el nombre de Jesús te lo pido».

Capítulo 10

Soteriología

Fue la mayor traición que se ha conocido. La peor rebelión. No fue la traición de Judas por 30 monedas de plata (Mat. 26:15; 27:3). No fue la rebelión de Jonás al desobedecer el llamado de Dios a predicar a los peligrosos ninivitas ni el enojarse cuando se arrepintieron y Dios tuvo misericordia (Jon. 4:2). Fue la rebelión de Adán y Eva, quienes decidieron creerle a la criatura rebelde, Satanás, antes que al Creador fiel, con quien habían estado en relación perfecta (Gén. 2:15-17; 3:1-7).

Culpar a Satanás de las decisiones traicioneras del ser humano no es algo nuevo, pero es una excusa hipócrita e irresponsable que no resuelve nada. Al fin y al cabo, Dios responsabiliza al hombre y no lo exime de sus consecuencias al pecar, por rebelarse contra Él, quien es digno de toda obediencia. En el relato de Génesis, Dios da Su juicio en orden de responsabilidad. No lo hace en el orden en el cual pecaron. Al pecar en la narrativa aparecen la serpiente, la mujer y el hombre. Sin embargo, al que Dios pide cuentas primero es a Adán, luego a Eva y por último a la serpiente (Gén. 3:8-21).

Durante una conversación con mi esposo Alex acerca de su devocional, él me leía sus meditaciones acerca de su proceso, después de más de casi cuatro décadas de ser creyente, su entendimiento de la salvación y cómo le agradecía a Dios. Quiero compartirte lo que tan profundamente nos bendijo en nuestro devocional familiar ese día:

Mateo tiene un set de Legos. La caja donde venía este set revelaba el final de lo que debía construir con las piezas: un carro de carreras F1, azul y negro. Al abrirlo, lo primero que vimos fue el manual de ensamblaje (un documento de por lo menos 50 páginas, 200 pasos o más) y más de 500 piezas. Es una tarea titánica. Con su mente de ingeniero, metódica, analítica y paciente, él se dispuso a armarlo por tardes enteras.

En mi vida creo que he tratado de armarme sin manual. Por eso, mi vida espiritual, mis decisiones y mi conocimiento de Dios son más bien un esfuerzo de carro que no camina y que no tiene todas las piezas. Camina a puro esfuerzo, pero no se siente bien.

Entender la justificación ha sido un viaje. Me ha liberado. Me ha vuelto a armar, por así decirlo. Al encontrarme con la verdad, tuve que levantar los brazos y decir: «Me doy por vencido». Es descansar en que mi relación con Dios no depende de mi esfuerzo y perfección. Él, en Su perfecta obra, resolvió el dilema. Yo nunca iba a dar la talla. Él nunca me iba a aceptar por mi pecado. Este dilema me hacía paranoico, pidiendo perdón mil veces al día, haciendo y haciendo y haciendo para ganar Su favor. Pero fue resuelto al entender que Cristo recibió mi castigo y yo recibí no solo perdón, sino también Su justicia. Sin lo segundo, necesito ser el hámster que camina en la rueda. Debo hacer que el carro se arme a fuerza y voluntad.

La justificación me hace adorarlo libre. Adorarlo por Cristo. Adorarlo porque soy Su hijo, *simul iustus et peccator* [justo y pecador a la vez]. Soy libre para vivir leyendo el manual al lado del Padre, que me construye poco a poco para ser como Cristo.

En este capítulo resumimos varios sistemas teológicos. Es decir, distintos temas que, aunque están interrelacionados, por su profundidad, su extensión y sus implicaciones, generalmente son estudiados de manera separada. Como introducción bajo el tema de la salvación, también incluimos algunas enseñanzas bíblicas acerca del pecado (hamartiología, de la raíz griega *hamartio*, que significa pecado). Soteriología habla de cómo obtenemos la salvación y los beneficios que incluye esa salvación en Cristo para la vida cristiana.

No profundizar en estos temas es como tener una herencia, pero no conocer las cláusulas para recibirla, haciéndola efectiva para nuestro beneficio y la honra del que nos heredó. Muchas personas dejan un ejecutor, una persona a cargo de entregar la herencia paulatinamente y algunos de esos beneficios son condicionales, otros son inalienables. El Espíritu Santo es el ejecutor de la herencia. Logrado por Cristo, en Cristo y para Cristo.

La realidad del pecado

¿Por qué pecamos? ¿Y por qué buscamos justificarnos cuando pecamos? Un maestro de Biblia y misionero nos hizo esta pregunta. Creo que deberíamos hacérnosla más a menudo. Pecamos porque queremos. En ese momento, abrazamos la mentira de que ese placer pasajero nos dará algo que el Creador nos está negando. Algo que, pensamos, nos dará más satisfacción que los amorosos mandatos y los «no» del soberano Rey. Abrazamos la mentira de que Sus mandatos son relativos e inconvenientes. Colocamos nuestros juicios, nuestras preferencias y nuestros deseos por encima de Su eterna sabiduría y gobierno. Él es Señor. Pero nuestras decisiones rebelan nuestra rebelión contra Su señorío, el cual cubre cada área de la creación y aun Satanás y sus secuaces.

Estas son algunas razones por las cuales la Biblia dice que pecamos:

Por un corazón endurecido. «Por eso los entregué a la dureza de su corazón, para que anduvieran en sus propias intrigas» (Sal. 81:12).

Porque somos pecadores. «Pues la naturaleza pecaminosa es enemiga de Dios siempre. Nunca obedeció las leyes de Dios y jamás lo hará. Por eso, los que todavía viven bajo el dominio de la naturaleza pecaminosa nunca pueden agradar a Dios» (Rom. 8:7-8, NTV).

Porque el pecado engendra más pecado y destrucción. «Él ha hecho volver sobre ellos su propia iniquidad, y los destruirá en su maldad; el Señor, nuestro Dios, los destruirá» (Sal. 94:23). «De sus propias iniquidades será presa el impío, y en los lazos de su pecado quedará atrapado» (Prov. 5:22).

Porque ponemos nuestra opinión por encima de la de Dios. «Pues desconociendo la justicia de Dios y procurando establecer la suya propia, no se sometieron a la justicia de Dios» (Rom. 10:3; comp. Jue. 17:6; 21:25).

Porque nuestro corazón es pecaminoso. «Sino que cada uno es tentado cuando es llevado y seducido por su propia pasión. Después, cuando la pasión ha concebido, da a luz el pecado; y cuando el pecado es consumado, engendra la muerte» (Sant. 1:14-15).

¿Cómo ha pecado la humanidad?

- *Rechazó el señorío de Dios* (Gén. 3:1-7; 5:1; Job 31:33; Os. 6:7).
- *No adoró al Creador* (Rom. 1:25).
- *Se rebeló contra el Creador y Su diseño* (Sal. 2:2; Rom. 1:26-27).
- *No creyó ni obedeció la Palabra de Dios* (Rom. 2:15).
- *Se rebeló contra Su mandato* (Deut. 12:28; Dan. 9:5-9; Rom. 1:29-32; Sant. 2:10).
- *Se enalteció, equiparándose a Dios* (Gén. 3:5; 11:4; Rom. 1:21).
- *Dio entrada al pecado y se corrompió* (Núm. 14:18; Jer. 16:12; Lam. 5:7; Rom. 5:12; 1 Cor. 15:21).
- *Dio entrada a la corrupción de la creación de Dios* (Rom. 8:20-22).

La historia de la redención

El tema de la salvación se encuentra en cada libro de la Biblia. No es un tema neotestamentario. Algunos términos que tienen que ver con la salvación y otras doctrinas que se desprenden de ello son presentadas a manera de resumen en este capítulo. Para muchas, tal vez sea la primera vez que piensan en estos términos y la importancia de entender las implicaciones de cada parte del proceso.

Muchas creyentes, al pensar en la salvación, pensamos que es un solo acto. Pero la salvación implica una cantidad más amplia de actividades que encontramos en la Biblia. Distintas denominaciones tienen distintas perspectivas bíblicas del orden de la salvación, teológicamente conocido como *ordo salutis*: llamamiento eficaz, regeneración, fe, justificación, santificación, glorificación. Existen otros conceptos que se relacionan a nuestra salvación que veremos en esta parte de nuestra reflexión.

Independientemente de lo que has sido enseñada o si es la primera vez que piensas en estas cosas, espero que esto te lleve a la adoración y el agradecimiento. Si al leer, te das cuenta de que aún no has entendido realmente la salvación y requieres de todo corazón entregar tu vida a Cristo, ese será el mayor gozo para mí. Amiga, ¿estás lista?

Lo que Cristo logró en la cruz

Desde antes de la creación del mundo, Dios sabía lo que pasaría. Él crearía al ser humano y nos rebelaríamos contra Él.

Muchas oramos: «Gracias por lo que Cristo hizo en la cruz por mí». Creo que, aunque bien intencionada, esta oración la hacemos de manera automática sin entenderla a cabalidad. El precio de la reconciliación con Dios nunca será que Dios baje Su estándar. El precio de la misericordia y la gracia extendida a los hombres nunca será a expensas de la justicia que Dios demanda, de la reducción de

Su ira santa y el castigo sobre la maldad. Cristo murió porque Su justicia tenía que ser satisfecha.

El perdón siempre tendrá un costo. Piensa qué pasa si te pido una gran cantidad de dinero y decido no pagarte, o pierdo mi empleo y no puedo pagarlo. Digamos que te evado por días, con la pena de haber quedado mal. Un día te encuentras de frente conmigo y me dices: «Aprecio más mi relación contigo que el dinero que me debes. Considera tu deuda perdonada». ¡Yo recibiría la noticia con mucho gozo! Pero si alguien te pregunta cuánto costó el perdón de esa deuda y respondes: «Nada», eso no sería toda la verdad. La verdad sería que a ti, al haberme perdonado, te habrá costado el dinero que no te devolví. Entonces el costo no fue gratis. Alguien pagó y perdió para que otro ganara.

Escuchamos muchas veces que la salvación es gratis. Para el que la recibe puede ser un regalo, pero la salvación fue muy costosa. Necesitamos abrazar con agradecimiento el evangelio y meditar profundamente en la salvación, su costo. Mi estado si no hubiera sido salvada sería aterrador y los beneficios que Cristo trae junto a mi salvación son increíbles.

La iniciativa de Dios

La iniciativa de Dios en Su revelación y salvación es un tema de toda la Biblia. Dios se acercó, llamó y preguntó a Adán y Eva, después de que pecaron y se escondieron de Él. Adán y Eva no corrieron hacia Dios, sino que Él los llamó a ellos (Gén. 3:9-10). Dios hizo la promesa de la simiente de la mujer, de donde vendría la salvación (Gén. 3:15). Dios confrontó a Caín por su pecado (Gén. 4:9). Dios llamó a Abraham cuando aún vivía en tierra pagana y no lo estaba buscando (Gén. 12:1). La Biblia es clara al afirmar que nadie busca a Dios (Rom. 3:11). Dios siempre toma la iniciativa, aunque sea poniendo en nosotros el deseo de escucharlo y saber de Él. Eso es gracia.

Aunque no soy madre, todas mis amigas dicen que prácticamente han memorizado las facciones más pequeñas de la carita, las manos y el cuerpo de su bebé. ¿Por qué? Por amor. Queremos entender y conocer en detalle aquello por lo cual estamos agradecidos. Este es un problema en muchos matrimonios. Entran en la rutina cuando han dejado de conocerse y apreciar los pequeños detalles de gracia que implican el amar y continuar conociendo a quien amamos. Nuestra salvación es el regalo más grande que hemos recibido. Lamentablemente, pocas de nosotras nos hemos detenido a entenderla y meditar en ella con diligencia y cuidado.

La Palabra nos manda acerca de la salvación: «Hagan efectiva su propia salvación con *profunda reverencia*; pues Dios, según su bondadosa determinación, es quien hace nacer en ustedes los buenos deseos y quien los ayuda a llevarlos a cabo» (Fil. 2:12-13, DHH, énfasis agregado). El contexto inicia con una alabanza a Cristo, que busca llevar a los filipenses (y a nosotras) a adorar a tan grande Salvador. Esa misma reverencia es la que se traduce en la porción en cuestión. Cuidar la salvación con profunda reverencia, o como otras traducciones establecen: «con temor y temblor», nos recuerda el agradecimiento y el cuidado en examinar, ponderar, meditar, apreciar y alabar a Dios por esta salvación tan grande recibida.

Cuando el evangelio es predicado, se da a conocer el amor y la persona de Dios a todos los que aceptarán Su llamado y a los que lo rechazarán, de manera que no tienen excusa.

La elección

La Biblia enseña que somos elegidos. En el idioma original, esto implicaba una selección o aproximación hecha por alguien en autoridad, movido únicamente por su voluntad y decisión personal, no por influencia de alguien más. Dios es soberano en Su elección (Isa. 46:10; 55:11; Rom. 9:17; Ef. 3:8-11; Deut. 7:6; Sal. 135:4). De aquí también se deriva la palabra *ekklesia* o iglesia. Este era un término militar que llamaba a la congregación o a un grupo de personas que habían sido convocados por una autoridad mayor a ellos para un servicio. Desde antes de la fundación del mundo, como un acto soberano de Dios (Mat. 25:34; Ef. 1:4; 1 Ped. 1:1), los escogidos de todas las épocas esperan pacientemente el tiempo preciso en que Dios redima y restaure todas las cosas y las haga perfectas (Isa. 65:22; Hech. 1:2). ¿Crees que el ser humano puede influenciar a Dios o hacerlo cambiar de opinión? Dios no es humano; por lo tanto, no cambia de parecer. Y Él afirma que tiene misericordia de quien Él quiere (Ex. 33:19-20).

Esto es completamente justo. Las cosas no son justas porque me parezcan justas. Dios mismo ha atravesado injusticia por nuestra mano una y otra vez: al no darle gracias, al rebelarnos contra Él, al no creerle, al maltratar a los demás y Su creación. Todas son formas de traición y deshonra a Dios. Hemos deshonrado a Dios con nuestros cuerpos, nuestros pensamientos y nuestras actitudes, incluso en lo bueno que nos hemos negado a hacer (Sant. 4:17). En esta vida nueva no importa si uno es judío o gentil, si está o no circuncidado, si es inculto, incivilizado, esclavo o libre. Cristo es lo único que importa, y Él vive en todos nosotros:

> Dado que Dios los eligió para que sean su pueblo santo y amado por él, ustedes tienen que vestirse de tierna compasión, bondad, humildad, gentileza y paciencia. Sean comprensivos con las faltas de los demás y perdonen a todo el que los ofenda. Recuerden que el Señor los perdonó a ustedes, así que ustedes deben perdonar a otros (Col. 3:11-13, NTV).
>
> Por lo tanto, es Dios quien decide tener misericordia. No depende de nuestro deseo ni de nuestro esfuerzo. Pues las Escrituras cuentan que Dios le dijo al faraón: «Te he designado con el propósito

específico de exhibir mi poder en ti y dar a conocer mi fama por toda la tierra». Así que, como ven, Dios decide tener misericordia de algunos y también decide endurecer el corazón de otros para que se nieguen a escuchar. Ahora bien, ustedes podrían decir: «¿Por qué Dios culpa a las personas por no responder? ¿Acaso no hicieron sencillamente lo que él les exige que hagan?». No, no digan eso. ¿Quién eres tú, simple ser humano, para discutir con Dios? ¿Acaso el objeto creado puede preguntarle a su creador: «¿Por qué me has hecho así?»? Cuando un alfarero hace vasijas de barro, ¿no tiene derecho a usar del mismo trozo de barro para hacer una vasija de adorno y otra para arrojar basura? De la misma manera, aunque Dios tiene el derecho de mostrar su enojo y su poder, él es muy paciente con aquellos que son objeto de su enojo, los que están destinados para destrucción (Rom. 9:16-22, NTV).

La Escritura es clara. Dice exactamente lo que quiere decir. Este tipo de porciones pueden hacernos cuestionar a Dios. Pero ese es justamente el punto de Pablo. Una verdad como esa no debe hacernos dudar o buscar incluso una explicación más digerible, pero menos bíblica. Dios es soberano y no deberíamos luchar contra este tipo de acciones basadas en Su soberanía. Recuerda: las cosas no son justas porque me lo parezcan, son justas porque el Dios justo las comanda, las ordena, las orquesta y las hace. Él es justo. Que el Espíritu Santo nos ayude a realmente someternos a Su Palabra.

La regeneración

Con esto en mente, también debemos entender que la regeneración precede a la fe. La regeneración es el acto del Espíritu Santo que capacita al ser humano a creer. La regeneración es el acto del Espíritu Santo que nos trae de muerte a vida y nos hace nuevas criaturas (2 Cor. 5:17). En el Nuevo Testamento se le llama *nacer de nuevo* (Juan 3:7; 1 Ped. 1:3). El Espíritu Santo convence de pecado, justicia y de juicio (Juan 16:8-11). Creer es una obra de justicia (Hech. 13:39). Los muertos no pueden hacer nada por sí mismos. Como están muertos, no tienen la capacidad de pensar, ni de escuchar, ni de creer. Para creer, necesitan ser resucitados de la muerte espiritual que entró al mundo. La muerte espiritual entró el día que Adán y Eva escogieron desechar la advertencia de Dios de que morirían al comer del árbol del bien y del mal (Gén. 2:17).

Él nos salvó, no por las obras de justicia que nosotros hubiéramos hecho, sino conforme a Su misericordia, por medio del lavamiento de la regeneración y la renovación por el Espíritu Santo (Tito 3:5).

Dios es soberano y el ser humano responsable. A veces pensamos que nuestra fe, propia, nacida de nuestro corazón, nos justifica. Sin embargo, vemos que la Palabra dice que aun esa fe es dada por Dios (Fil. 1:29). La convicción de pecado, de justicia y de juicio es dada por el Espíritu Santo, no solo para nuestra redención, sino también para toda la vida cristiana.

La fe y la gracia

Existe una gracia dada a toda la raza humana: la gracia común. Esto es diferente a la gracia dada para salvación y santificación. La gracia común es el conjunto de los dones, regalos o beneficios de Dios que todo ser humano recibe independientemente de su situación delante de Dios. A todos les toca ver el mismo sol y a todos nos llueve por igual (Mat. 5:44-45). Dios fue el primero y quien más amó a Sus enemigos: nosotros. Si minimizamos esto, es porque no hemos comprendido completamente el evangelio.

La fe no es un logro humano alcanzable separado de Dios. La fe es un don de Dios dado conforme a la medida que Él determina (Rom. 12:3). Si pedimos buenas dádivas a nuestro Padre bueno,

Él responderá nuestra oración: «Si ustedes siendo malos, saben dar buenas dádivas a sus hijos, ¿cuánto más su Padre celestial dará el Espíritu Santo a los que se lo pidan?» (Luc. 11:12-13).

Existe un llamamiento que escucha todo el mundo, pero no es eficaz, no produce salvación en todo aquel que lo escucha: «Porque muchos son llamados, pero pocos *son* escogidos» (Mat. 22:14). Eso también involucra la gracia común. Pero cuando hablamos de los creyentes, ellos reciben una gracia especial para responder al mensaje del evangelio y ser redimidos.

La *redención* es una obra unilateral de Cristo. No aportamos absolutamente nada a nuestra redención. Mi esposo me contó la historia de una iglesia en Orlando, Florida. En los Estados Unidos existe un proceso en el cual los bancos juntan las deudas incobrables para luego venderlas por un precio mínimo. Algunas compañías se especializan en comprar estas deudas con el fin de cobrarlas. Una vez que las deudas son transferidas al comprador, este tiene el derecho de cobrarlas. Esta iglesia en Orlando compró un lote de deudas de personas que vivían cerca de la iglesia, que se habían endeudado por cuestiones de salud. Pero no lo compró con el fin de recibir ganancia, sino de predicar el evangelio. Por correo, estas personas empezaron a recibir una carta que decía: «¡Tu deuda ha sido pagada! Ya no debes más». Además, recibieron el mensaje de salvación donde la iglesia explicaba el evangelio y los invitaba a unirse a una comunidad que los amaba desde ya.

Eso es la redención. Todos los deudores recibieron la anulación de su deuda porque alguien más pagó. Fueron redimidos para ser *libres* de esa deuda. Nosotros no podemos redimirnos. La redención se refiere a la transacción que se hacía en la antigüedad, en donde una persona compraba o «redimía» a un esclavo. Este esclavo pasaba a ser propiedad de alguien más y el documento de redención era una declaración de cambio de propietario, para luego el esclavo ser puesto en libertad. Igual hizo Cristo con nosotros:

Y cuando ustedes estaban muertos en sus delitos y en la incircunción de su carne, Dios les dio vida juntamente con Cristo, habiéndonos perdonado todos los delitos, habiendo cancelado el documento de deuda que consistía en decretos contra nosotros y que nos era adverso, y lo ha quitado de en medio, clavándolo en la cruz (Col. 2:13-14).

Cuando era niña tenía un extremo sentido de justicia. Parecería algo bueno, pero no lo es. La justicia humana nunca será completamente objetiva. Recuerdo que si castigaban a mi hermano por algo que me había hecho a mí, en muchas ocasiones quería que el castigo fuera más severo. Sin embargo, cuando yo era la que cometía el mismo pecado, esperaba que me extendieran misericordia y que no me aplicaran el castigo. Me airaba cuando una injusticia se cometía, pero no tenía verdadera justicia para mi propio pecado. Esa es la naturaleza humana.

Sin embargo, Dios no es como nosotros y, por eso, requiere una *propiciación*. Propiciar es apaciguar la ira santa de Dios. Él, como un Dios santo, mira el pecado en Su justa medida: es terriblemente grave. Los creyentes hemos minimizado la ira de Dios y, al hacerlo, minimizamos Su justicia. A la vez, minimizamos el sacrificio de Cristo. Dios fue severo en el castigo que Cristo recibió en nuestro lugar. El sacrificio de Cristo era el único suficiente, por Su carácter justo, para pagar por los pecados del mundo. Solo Cristo podía servir como propiciación, como el pago completo, justo y perfecto por todos los pecados de los que Él redimiría.

Esta justicia de Dios por medio de la fe en Jesucristo es para todos los que creen. Porque no hay distinción, por cuanto todos pecaron y no alcanzan la gloria de Dios. *Todos* son justificados gratuitamente por Su gracia por medio de la redención que es en Cristo Jesús, a quien Dios exhibió públicamente como propiciación por Su sangre a través de la fe, como demostración de Su justicia, porque en Su tolerancia, Dios pasó por alto los pecados cometidos anteriormente, para demostrar en este tiempo Su justicia, a fin de que Él sea justo y *sea* el que justifica al que tiene fe en Jesús (Rom. 3:22-26).

Dios odia el pecado y destruye al pecador

«Dios odia el pecado, pero ama al pecador». Esta es una frase que los creyentes nunca deberíamos usar. No hay ninguna duda bíblica ni ninguna interpretación posible que contradiga lo que la Palabra afirma con claridad: la ira de Dios permanece sobre el pecador no arrepentido.

El que cree en el Hijo tiene vida eterna; pero el que no obedece al Hijo no verá la vida, sino que la ira de Dios permanece sobre él (Juan 3:36).

Porque la ira de Dios se revela desde el cielo contra toda impiedad e injusticia de los hombres que detienen con injusticia la verdad (Rom. 1:18, RVR1960).

Pero por tu dureza y por tu corazón no arrepentido, atesoras para ti mismo ira para el día de la ira y de la revelación del justo juicio de Dios (Rom. 2:5, RVR1960).

Haced morir, pues, lo terrenal en vosotros: fornicación, impureza, pasiones desordenadas, malos deseos y avaricia, que es idolatría; cosas por las cuales la ira de Dios viene sobre los hijos de desobediencia (Col. 3:5-6, RVR1960).

En el sermón de «pecadores en manos de un Dios airado», Jonathan Edwards hace un énfasis en este aspecto no popular, pero muy real relacionado no solo con nuestra salvación, sino también directamente con el carácter de Dios. No podemos entender la salvación hasta que no entendamos quién es Dios. Somos salvos de un destino eterno y una destrucción en Sus manos. Esto es, en última instancia, la base de la vida cristiana.

Es impresionante que cada día podamos vivir con menos entrega y entendimiento de quién es Dios. La ira de Dios está sobre los pecadores hasta que Cristo sea su propiciación o hasta que el pecador sea castigado (Sal. 37:9-15; Apoc. 20:20,25; 21:8). Los testigos de Jehová y otros grupos cambian las traducciones bíblicas para justificar que no habrá tal destrucción. Este es el peor engaño.

La justificación

El concepto de la *justificación* podría traernos algunos recuerdos. Cuando éramos niños y nuestras autoridades nos pedían una explicación por una mala acción, escuchábamos esta frase: «No te justifiques». Cuando peco y busco explicaciones para mi pecado, me estoy «justificando» y no hay arrepentimiento genuino. Esto es un desprecio a la justicia de Cristo; es pura arrogancia. Sin *arrepentimiento* y confesión no hay perdón de pecados (Prov. 28:13; Isa. 1:16-20). Nuestros pecados no son nimiedades ni errores. Son una violación, una deshonra, un irrespeto y una rebelión ante un Dios santo. Lo único que queda es arrepentirnos para alcanzar misericordia (Heb. 4:16).

La justificación bíblica es opuesta a la justificación humana. Es imposible que Dios no vea al pecador como lo que es. Cuando Cristo nos justifica, Él se pone en nuestro lugar. Él dice: «Este pecador arrepentido reconoce su condición de pecador, reconoce que queda corto de nuestro estándar, que no puede hacer nada por sí mismo, y me ha reconocido a mí como su única justicia». Solo entonces la rectitud de Cristo se te imputa o se te aplica. Es decir, Dios te ve como si viera a Cristo y *te declara justa*, no por lo que haces, sino por estar crucificada con Cristo, con Su vida en ti (Isa. 54:17; Rom. 3:19; 4:25).

Somos justificados solamente por la fe (Rom. 5:1; Gál. 3:6-14; Sant. 2:23). La fe requiere humildad ante Dios. Desde el Antiguo hasta el Nuevo Testamento, la justificación es únicamente por fe, no por obras: «El justo por su fe vivirá» (Hab. 2:4). Esta vida de santidad requiere fe. No podemos ser salvos por fe y en nuestra santificación hacerlo por obras. Toda la vida del creyente requiere fe. El abrazar todos los beneficios ante Dios es por pura gracia por medio de la fe (Rom. 4:16; 5:2; Ef. 2:8; 1 Tes. 1:2).

Por eso es necesario ponernos a cuentas con Dios. Al confesar, lo que hacemos es afirmar que el pecado es lo que Él dice que es pecado. Minimizarlo o negarlo revela que no hay arrepentimiento. Alguien a quien le pesan más las consecuencias de su pecado, el que lo hayan descubierto o su pérdida de posición, aún no entiende lo que es el arrepentimiento y probablemente no conoce a Cristo.

La santificación

La *santificación* es el crecimiento en madurez cristiana. La madurez cristiana es la meta de todo creyente. Esta no se basa en comparación con otras personas o «escalar» posiciones dentro de la iglesia como si fuera una «promoción en el reino». El concepto bíblico de madurez implica no solo conocimiento de Dios y una vida coherente cuya meta es *ser como Cristo*. El Espíritu Santo, como su «apellido» lo implica, es el Señor que nos santifica, que nos pone en una posición donde nos declara santos en Cristo. Sin embargo, la Palabra de Dios es abundantemente clara en nuestra responsabilidad para el crecimiento en santificación. Esa es la medida del éxito del cristiano. La santificación se traduce en obediencia y la obediencia a su vez en amor por Dios.

El que tiene Mis mandamientos y los guarda, ese es el que me ama; y el que me ama será amado por Mi Padre; y Yo lo amaré y me manifestaré a él. El que no me ama, no guarda Mis palabras; y la palabra que ustedes oyen no es Mía, sino del Padre que me envió (Juan 14:21,24).

El creyente, al caminar en obediencia a la Palabra, sometido al Espíritu de verdad, es santificado en Cristo:

Para que nadie se jacte delante de Dios. Pero por obra Suya están ustedes en Cristo Jesús, el cual se hizo para nosotros sabiduría de Dios, y justificación, santificación y redención, para que, tal como está escrito: «EL QUE SE GLORÍA, QUE SE GLORÍE EN EL SEÑOR» (1 Cor. 1:29-31).

Esto no nos deja nada más que reconocer continuamente nuestra necesidad de dependencia del Espíritu Santo. Nuestra moralidad nunca será suficiente para que nuestro corazón, nuestros deseos, nuestras pasiones, nuestras actitudes y nuestros pensamientos sean cambiados. A su vez, el Espíritu Santo le da poder al creyente para cumplir su responsabilidad de caminar en santidad. Primordialmente, no se trata de cosas externas, porque Dios mira el corazón (Rom. 2:29; 1 Tes. 3:13; Sant. 1:26; Heb. 4:12). El único espejo para mostrarnos nuestro estado real es la Palabra de Dios.

La adopción

La Biblia también nos habla de la *adopción*: «Porque el que santifica y los que son santificados de uno son todos; por lo cual no se avergüenza de llamarlos hermanos» (Heb. 2:11, JBS). Aunque este concepto se revela más claro en el Nuevo Testamento, es un concepto que aparece desde el Antiguo Testamento.

Hace cinco meses recibimos a nuestros hijos del corazón, dos adolescentes que crecieron en hogares de acogimiento. De mi parte, nada me ha hecho entender más profundamente la adopción que este hermoso, difícil, doloroso y confuso proceso. He llegado a mi límite de muchas formas. Dios me ha revelado que, si yo siendo mala puedo amar, cuánto más Él me ama. Veo a mis chicos luchar con entender lo que es ser parte de una familia. Les cuesta confiar en nosotros y comprender por qué entre tantos niños, los escogimos a ellos. «¿Por qué ellos y no otros?». La verdad es que Dios así lo orquestó.

Dios no escatimó qué edad tenía cuando me adoptó. De hecho, no había nada atractivo en mí cuando Él decidió adoptarme. Dios no solo se complació en salvarme y redimirme, lo cual hubiera sido suficiente para que le deba mi vida, agradecimiento y servicio eterno. No, Dios decidió que me haría parte de Su familia, coheredera con Cristo. Dios se place en darme Su Espíritu, que me da testimonio de que soy Su hija para siempre. Como buen Padre, nada que yo pueda hacer le hará negarme el compromiso que Él hizo de adoptarme. ¡Si abrazáramos esta realidad! Es una realidad en la vida de todo creyente.

Aunque la palabra «adopción» no es expresa en Génesis, es el clímax de lo que Dios revela desde el Edén: la adopción es un concepto redentor. Cristo nos predestinó para la adopción como hijos para Sí, conforme a la buena intención de Su voluntad. Por eso clamamos: «¡Abba! ¡Padre!» (Gál. 4:1,5; comp. Ef. 1:5; Rom. 8:15,23; 9:4).

No sé qué tipo de vida has llevado. No sé qué persona te abandonó. Pero, en Cristo, ahora eres Su familia. Eres parte de la familia de Dios. Nadie te puede cambiar eso ni nadie te puede arrebatar de Su mano.

La glorificación

La *glorificación* es el paso final. Es el clímax de la obra redentora de Cristo, en donde cuerpo y espíritu son completamente librados de toda corrupción por el pecado. En el capítulo final, veremos unos aspectos más relacionados con este beneficio de la salvación.

Conclusión

Este libro tiene un alcance general, por lo que solo roza la superficie, define términos y posiciones generales. Por lo cual, muchos matices se pierden y serán dejados a tu deseo de profundizar. Amiga, te invito a pensar de manera bíblica y despojarte de prejuicios que contradicen el efecto esperanzador, unificador y humillante que debe tener el estudio de la salvación en la vida de cada creyente.

Oración

«Señor, te agradezco por el regalo inmerecido de la salvación. Gracias por todos los beneficios recibidos a través de ella, sabiendo que es por tu pura gracia que soy partícipe de una nueva vida y esperanza eterna».

CAPÍTULO 11

Guerra espiritual: ángeles y demonios

La mayoría de las guerras en este mundo han sido motivadas por el deseo descontrolado de poder. En noticias
recientes hemos sido testigos del debacle de la guerra que,
por más de 20 años, Estados Unidos y sus aliados enfrentaron en
Afganistán. Las vidas perdidas, trillones de dólares invertidos y la
situación ahora es tan precaria y desesperanzada para los afganos,
en comparación con lo que era hace 20 años. Una guerra sin
sentido.

Necesitamos responder bíblicamente la pregunta del porqué
de la guerra espiritual. Qué buscamos ganar. Por la Palabra, sabemos que Cristo ha vencido sobre el pecado, la muerte y nuestros
enemigos. Entonces, ¿en qué consiste esta guerra? ¿Cuál es su principal objetivo? ¿Dónde se lleva a cabo? ¿Y cuál es nuestro rol como
hijos de Dios en ella?

Angelología y demonología

Casi todas las religiones mundiales creen en algún tipo de ángeles y demonios. Por esta razón, asegúrate de que lo que crees acerca de ello no proviene de una lectura incompleta de la Biblia, o de una mezcla de las creencias de tu cultura y un poco de Biblia fuera de contexto. Esto sería inaceptable.

Los ángeles son seres creados (Sal. 148:5,7; Col. 1:16). Todos los ángeles, incluyendo los ángeles caídos (Satanás y sus demonios), fueron creados por Dios, aunque no en su estado de desobediencia y rebelión (en el caso de los ángeles caídos). Dios no es autor de pecado. La Biblia no especifica el momento de la creación de los ángeles. Job 38:7 no es suficiente para decir que fue antes de todo lo creado, ya que la misma porción menciona las estrellas, y estas fueron creadas en el cuarto día de la creación. En cuanto a esto, hermanos ortodoxos temerosos de Dios difieren, afirmando que los ángeles pudieron haber sido creados antes del Edén en lo descrito en Génesis 1:1. Yo argumentaría diferente pues, al leer esta narrativa, no veo cómo algo pudo ser creado antes de la creación. Sin embargo, creí esto por mucho tiempo hasta que empecé a ver que no tenía fundamento bíblico, o por lo menos no fundamento que yo hubiese adquirido de la Biblia, ni un estudio personal. Solo me basaba en lo que siempre me habían enseñado, en narrativas y experiencias de otras personas.

Este es definitivamente uno de los temas más explotados y, a la vez, más ignorados en el mundo evangélico. Necesitamos hablar un poco de cosmovisión para entender por qué en algunos países y algunas denominaciones no se pone tanto énfasis en uno u otro extremo. Al exponer estos «colores» que tintan nuestra visión, debemos evaluar a la luz de la Biblia qué dice y qué *no dice* respecto a los ángeles y demonios. De igual forma buscaremos responder cuál es la verdadera guerra espiritual de la cual tantos libros han escrito. Tantos métodos se han desarrollado basados más en historias y experiencias que en lo que la Palabra dice.

¿En qué aspectos estamos de acuerdo? Los bautistas, pentecostales, presbiterianos, anglicanos y aun los católicos creen (al igual que yo) estas cosas acerca de estos seres espirituales:

- Los demonios y los ángeles existen (Gén. 2:1; 19:1,15; Neh. 9:4).
- Los ángeles son espíritus ministradores y no hay base bíblica de que tengan cuerpo permanente (Ef. 6:12; Heb. 1:14).
- Los ángeles tienen voluntad (pueden escoger entre el bien y el mal) y su conocimiento supera al nuestro (Mat. 24:36; Ef. 3:10).
- Tanto ángeles como demonios creen en Dios, pero no es el tipo de creencia que lleva a la salvación (Sant. 2:19; Luc. 15:10; 1 Tim. 5:21).
- Hay ángeles elegidos que sirven a Dios y Sus propósitos redentores. No todos los ángeles son elegidos de Dios (1 Tim. 5:21; 2 Cor. 11:14).
- Satanás existe y está activo en el mundo (Ef. 4:26-27; 6:11; 1 Ped. 5:8; Sant. 4:7).
- Ningún ángel es más poderoso que Dios ni se acerca a serlo (Ef. 1:19; Isa. 40:1-28).
- Ningún ángel puede actuar sin permiso de Dios (Lam. 3:38-39; Job 1:6-12).
- Los creyentes y el mundo son afectados por el mundo espiritual (Job 1:6-12).

Habiendo servido en Asia, parte de mi vida diaria era el caminar y ver adoración de demonios en los templos. Para la mayoría de los asiáticos, el mundo espiritual es real. La creencia en espíritus o potestades territoriales es una creencia antigua común en las culturas paganas. Los reyes y emperadores de la antigüedad creían que si conquistaban un territorio era porque sus dioses eran más fuertes que los dioses o el dios del territorio conquistado.

La Biblia *describe* esto, pero no porque sea la *realidad*. Dios permitió en varias ocasiones que Su pueblo fuera conquistado, al punto de ser llevado al exilio como juicio contra Su pueblo. No fue por la falta de poder de Dios, sino por Su poder y soberanía que otros reinos paganos conquistaron a Su pueblo (Ex. 7:3; 9:12; Prov. 21:1; Rom. 9:18). Al final, todo esto sirve al propósito del Dios justo y poderoso (Sal. 83:17-18), quien juzga a Su pueblo y a Sus enemigos con Su justicia eterna (1 Ped. 4:17-19).

El medio excluido

En misiones hay un tema que estudiamos en el seminario: el medio excluido. El medio excluido hace referencia al espacio entre los extremos en el tema del mundo espiritual: un extremo racionalista solo cree en lo que es tangible y perceptible con los sentidos. El otro atribuye un significado, peso y causa intangible o mística a todas las cosas. Algunos dirían que es más espiritual el segundo extremo. Sin embargo, esto es incorrecto, pues la Palabra de Dios es nuestra autoridad máxima en estos asuntos, no nuestra percepción, y el misticismo por definición requiere algo misterioso u oculto. Dios se revela, no se oculta.

Uno de sus principales proponentes fue el misionero Dr. Paul Hiebert. En su artículo «Las fallas del medio excluido», dice lo siguiente:

En el nivel básico la teología holística incluye la conciencia de que Dios se revela en la historia natural, sosteniendo el orden natural de las cosas. A medida que los misioneros vienen con una cosmovisión de dos niveles, en donde Dios es confinado a lo sobrenatural, y donde el mundo natural opera para todos los propósitos prácticos de acuerdo a las leyes científicas, de manera autónoma, el cristianismo continuará siendo una fuerza secularizante en el mundo. Solo si Dios es nuevamente puesto en el centro de nuestro entendimiento científico de la naturaleza, podremos contrarrestar la ola del secularismo occidental. Una segunda implicación es para la iglesia y la misión que debe guardarse de que el cristianismo se convierta en una forma de magia. La magia está basada en una visión mecánica, una forma de ver la realidad que permite a los seres humanos controlar su propio destino. La adoración, por otro lado, está basada en una visión relacional de la vida. Los adoradores se someten bajo el poder y la misericordia del Ser Supremo. La diferencia no es la forma, sino la actitud. Lo que inicia a veces como una oración, puede tornarse en una fórmula o mantra con el que buscamos forzar o manipular a Dios para que haga nuestra voluntad, si decimos o hacemos lo correcto. En la fe cristiana, queremos la voluntad de Dios porque confiamos en Su omnisciencia. En la magia, buscamos nuestra propia voluntad, confiados en que sabemos lo que es mejor para nosotros mismos.[1]

Creo que esto revela mucho. El misticismo con el cual muchos cristianos enfocan toda la vida espiritual, seguido por una profunda falta de conocimiento y entendimiento de la Palabra, ha llevado a un sincretismo evangélico, donde usamos la guerra espiritual como una expresión «santificada» de un deseo de poder y control pecaminosos. No vemos la lucha como lo que es: la constante sumisión y santificación personal en obediencia a Dios.

Entiende la batalla

En la Biblia, los seres humanos nunca se ponen en situaciones con el propósito de pelear con los demonios. Ni siquiera Jesús lo hizo. Cuando fue llevado al desierto, el Espíritu lo llevó (Mat. 4:1; Luc. 4:1). Los apóstoles en sus encuentros también fueron llevados por el Espíritu. No andaban buscando meterse en «guerra espiritual» o «encuentros sobrenaturales». Si hay algo que ellos entendían es que la guerra espiritual es constante hasta la consumación del

---

1. Paul Hiebert, "El Defecto del Medio Excluído", *Perspectivas* (Baker), II.65.

reino, y que Dios es suficientemente capaz de pelear por los Suyos y por Su reino. Aun los ángeles dejan la reprensión al Señor, y no pretenden tener una autoridad fuera de Dios (Zac. 3:2; Jud. 1:9). Nuestra tarea es conocer la Palabra, predicar la Palabra y mantenernos firmes en el Dios que pelea, sostiene y protege (Rom. 8:38-39). En la historia de Josafat y los habitantes de Judá al momento de ir a la guerra, la Palabra de Dios a través del profeta les recordaba: «No teman, ni se acobarden delante de esta gran multitud, porque la batalla no es de ustedes, sino de Dios» (2 Crón. 20:15). En la novela de C. S. Lewis *Cartas del diablo a su sobrino*, el demonio más experimentado afirma:

En lo que se refiere a los demonios, la raza humana puede caer en dos errores iguales y de sentido opuesto. Uno consiste en no creer en su existencia. El otro, en creer en los demonios y sentir por ellos un interés excesivo y malsano. Los demonios se sienten igualmente halagados por ambos errores, y acogen con idéntico entusiasmo a un materialista que a un hechicero.[2]

No es una guerra de poder

La guerra espiritual no es una guerra de poder. Pensar en ella como una guerra de poder es un insulto a Dios y denota falta de entendimiento de quién es Él. No podemos igualar a Dios como si Satanás y sus ejércitos fueran un adversario digno. Satanás se opone a Dios y a los Suyos, pero no es un enemigo igual. He visto a tantos cristianos atemorizados de que les ocurra algo que les dijeron, todo por ignorar la diferencia entre el poder de Dios y el poder del diablo.

La Palabra y la voluntad de Dios están infinitamente por encima de todo pronunciamiento humano o intención del enemigo. Los ángeles están bajo la voluntad de Dios y su rol principal

---

2. C. S. Lewis, *Cartas del diablo a su sobrino* (Nueva York, NY: HarperOne, 2014), 8.

es alabarle y cumplir Su voluntad. Luego sirven a los propósitos de Dios en la tierra como mensajeros, guerreros y enviados para ministrar a los que son de Dios. Pero siempre por orden de Dios y no de ningún ser humano.

¿Cómo son afectados los creyentes?

Yo fui una «guerrera espiritual». Era una palabra de exhortación (que en otros lugares llamarían profecía) que recibí en más ocasiones de las que puedo contar. Como líder de danza en mi iglesia y alguien que podía lanzar el pandero y atraparlo (entre otras rutinas), entendía que siempre estaba en el frente de la batalla espiritual.

El problema es que la guerra espiritual tiene más sentido cuando entendemos que no es una guerra solo en nuestro *exterior*, sino principalmente una guerra en el *interior del creyente*. Esta es la más importante guerra espiritual:

> Porque todavía, en su lucha contra el pecado, ustedes no han resistido hasta el punto de derramar sangre. Además, han olvidado la exhortación que como a hijos se les dirige: «Hijo Mío, no tengas en poco la disciplina del Señor, ni te desanimes al ser reprendido por Él (Heb. 12:4-5).

La guerra en nuestros afectos se hace muy real cuando hago el mal que «no quiero» y dejo de hacer lo bueno que sé que debería hacer (Rom. 7:19-25).

¿Cuál es mi rol principal en esta guerra? La palabra es clara: resistir al diablo, estar firme y predicar el evangelio. La Biblia no nos llama a hacer rituales que parecerían inocentes, pero que nos dan a nosotros un sentido de control y poder. Recuerdo que cuando era más joven leí todo libro de «guerra espiritual» que pude. Algunos de los más famosos, al pensar en retrospectiva se parecen más a libros de novela de ficción que de la realidad bíblica. Es indudable que hay un mundo espiritual que está en constante guerra. El problema es que muchos creyentes hemos mal entendido la naturaleza de esta guerra, nuestro rol en la guerra y en qué consiste la victoria. Pablo nos da dirección en esto:

> Por lo demás, fortalézcanse en el Señor y en el poder de su fuerza. Revístanse con toda la armadura de Dios para que puedan estar firmes contra las insidias del diablo. Porque nuestra lucha no es contra sangre y carne, sino contra principados, contra potestades, contra los poderes de este mundo de tinieblas, contra las fuerzas espirituales de maldad en las regiones celestes. Por tanto, tomen toda la armadura de Dios, para que puedan resistir en el día malo, y habiéndolo hecho todo, estar firmes. Estén, pues, firmes, ceñida su cintura con la verdad, revestidos con la coraza de la justicia, y calzados los pies con la preparación para anunciar el evangelio de la paz. Sobre todo, tomen el escudo de la fe con el que podrán apagar todos los dardos encendidos del maligno. Tomen también el casco de la salvación, y la espada del Espíritu que es la palabra de Dios. Con toda oración y súplica oren en todo tiempo en el Espíritu, y así, velen con toda perseverancia y súplica por todos los santos (Ef. 6:10-18).

La era de la tensión
{EL REINO ESTÁ AQUÍ PERO TODAVÍA NO}

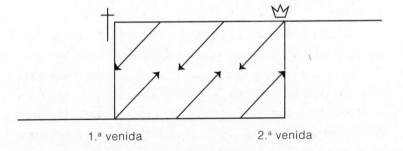

1.ª venida   2.ª venida

Conclusión

Como hemos dicho en todo este libro, lo que creamos afectará la manera en la que vivimos. En este caso, podemos vivir en negación a esas realidades bíblicas o podemos vivir al otro extremo, asignándole un poder a todo y viviendo en temor de lo espiritual, donde si no hacemos algo tendremos algún tipo de consecuencia. Al creer esto se nos olvida que si el Espíritu intercede por nosotros, aun antes de que la palabra esté en nuestra boca, Dios nos oye. ¿Cuánto más no nos defenderá del enemigo que no vemos y que es muy real? ¿Dejaría Dios en nuestras manos la defensa completa del mundo espiritual? Romanos 8:28-39 tiene tanta relevancia como Efesios 6. Cuando dormimos, como es necesario y mandado por Dios, ¿quién es el que pelea por nosotros?

Oración

«Señor, enséñame a someterme a tu Palabra y no a mis ideas. Ayúdame a no vivir con miedo del mundo espiritual, porque estoy bajo la protección del Dios santo. Perdóname cuánto he pensado que el enemigo tiene más poder que tú al protegerme y cuidarme. Ayúdame a luchar contra el pecado en mi vida, a someterme a tu verdad, pues tu Palabra es verdad. Sé mi auxilio al caminar en justicia, al vivir por fe y no por vista, y al predicar el evangelio, sabiendo que es la mejor ofensiva contra el reino de las tinieblas. En el nombre de Jesús te lo pido».

CAPÍTULO 12

Escatología: las últimas cosas

Conocí a Cristo en la década de los ochenta. Recuerdo que los evangélicos éramos vistos como ignorantes, a veces tratados como supersticiosos que creían en cuentos. Lamentablemente, muchos cristianos contribuimos a esta errada percepción, porque no conocíamos nuestra Biblia. Recuerdo que antes los sacerdotes católicos enseñaban en el catecismo que los cristianos no debían estudiar la Biblia porque se iban a volver locos (sobre todo si estudiaban Apocalipsis).

Nuestra generación puso tanto énfasis en el reino que mistificó los últimos tiempos. El abuso de esta doctrina ha llevado a suicidios masivos en sectas, a vender todo lo material, a abandonar familias y a toda clase de mal testimonio.

Todos los demás temas teológicos encuentran su consumación en la escatología. La palabra escatología viene del griego *éschatos,* que significa *último,* y *logía,* que significa *estudio de.* Es decir, es el estudio de las últimas cosas, los últimos acontecimientos. Cada sistema nos deja con preguntas, pero en la escatología encontramos las conclusiones. Esta no es una división, sino un punto final en los demás sistemas. Nadie lo expresa más claro que Louis Berkhof:

En la teología, el problema es de qué modo Dios será glorificado de manera perfecta y definitiva, en la obra de sus manos, y cómo se realizará el consejo pleno de Dios; en la antropología el problema es cómo la desordenada influencia del pecado será vencida por completo; en la cristología el problema es de qué modo la obra de Cristo será coronada con perfecta victoria; en la soteriología el problema es de qué manera la obra del Espíritu Santo desembocará al fin en la completa redención y glorificación del pueblo de Dios; y en la eclesiología, el problema que demanda respuesta es la apoteosis [el desenlace] final de la Iglesia.[1]

¡Dios, Cristo Jesús, será completamente revelado, lo veremos cara a cara! Ese conocimiento de Dios será el punto final (1 Cor. 13:12). El mayor regalo escatológico no es la nueva ciudad ni un cuerpo nuevo, sino el conocimiento de Dios mismo y el habitar con Él en perfecta relación para siempre. ¡*Cristo* mismo es el mayor regalo escatológico!

El tema de los últimos tiempos cubre mucho más que Apocalipsis. El estudio de la escatología o las ultimas cosas se extiende también a temas como la muerte, el infierno, la vida eterna, etc.

Si estamos esperando llegar al cielo para ver quién tenía la razón en posiciones doctrinales no primarias, ¡cuán pobre es nuestro entendimiento del evangelio y nuestro asombro por Cristo! Creo que muchos hemos pensado en cuánto disfrutaremos estar con Cristo en el cielo. Pero quiero retarte a reflexionar: ¿cuánto anhelas estar con la comunidad de todos los santos, redimidos de todos los tiempos, por el amor a ellos y al Cordero? Si tu visión del cielo se centra más en las respuestas que quieres obtener que en el Dios y la comunidad que vas a disfrutar, tu cielo es muy pequeño.

Luego de volverme cristiana, Apocalipsis y los pasajes referentes a los últimos tiempos (Daniel, Ezequiel, Isaías, 1 y 2 Tesalonicenses, 1 y 2 Pedro, y Apocalipsis) se convirtieron en el tema de

---

1. Louis Berkhof, *Teología sistemática* (Grand Rapids: MI, Libros Desafío, 1995), 796.

los que pretendían tener un conocimiento especial o una revelación más elevada que otros. Esto también es ignorancia. Los libros escatológicos y los pasajes de los tiempos finales fueron dados para una audiencia común, no para enorgullecimiento personal de los que recibieron la revelación.

El reino de Dios y la escatología

La enseñanza de las últimas cosas no se limita solo a la segunda venida de Cristo. Es más que eso. ¿Quién estará en el juicio final? ¿Qué pasa con el alma cuando uno muere (el estado intermedio)? ¿Dónde están el cielo y el infierno? ¿Qué haremos por la eternidad? Estas son preguntas relacionadas con la escatología que no son tan simples como parecen.

Primero debemos entender qué es el reino de los cielos. El reino se refiere a la consumación del gobierno de Cristo. Es un concepto del gobierno redentor de Dios, y por eso lo vemos a través de toda la historia bíblica (2 Sam. 7:12-16; 2 Rey. 19:15; 2 Crón. 20:6; 36; Isa. 37:16; Zac. 14:9). Graeme Goldsworthy, en su libro *El gran panorama divino*, presenta la historia redentora en términos del reino: reino establecido (Gén. 2), el reino quebrantado (Gén. 3:1-15); el reino prometido (Gén. 12:1-3; 17:7; Éxodo); el reino prefigurado (2 Sam. 7; Sal. 2; 1 y 2 Reyes). En el Nuevo Testamento vemos el reino acercado, revelado en la vida, ministerio, muerte y resurrección de Cristo. Esto incluye nuestros días, donde Él está a la diestra del Padre glorificado, esperando la última fase del establecimiento en Su segunda venida y el juicio final: el reino consumado.

En el «ahora, pero todavía no», vivimos en una tensión interna y externa. El reino fue introducido a la tierra con Cristo, pero los poderes de las tinieblas aún luchan y se oponen contra la iglesia en la tierra. Internamente, las tinieblas incitan al pecado, al cual tendemos a ceder. El reino de las tinieblas nos presenta tentaciones, las cuales solo tienen lugar por nuestras debilidades y concupiscencias internas.

Ahora bien, esto no nos permite responsabilizar al enemigo por el descuido en nuestro corazón y nuestra falta de santidad personal.

La era de la tensión

{EL REINO ESTÁ AQUÍ PERO TODAVÍA NO}

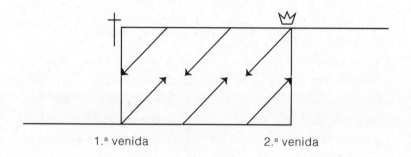

1.ª venida   2.ª venida

Timothy Pavitt Palmer comenta:

Existen cuatro términos primordiales para el concepto del reino según Calvino: reino de Dios, reino de Cristo, reino de los cielos, reino celestial. Todos estos términos son más o menos intercambiables. Con la iglesia cristiana, Calvino reconoce que un aspecto del reino de Dios es su dimensión trascendente, celestial y eterna. Este es un aspecto único a la definición del reino de los cielos. Aún, la mayor parte del discurso de Calvino se refiere a la presencia del reino de Dios o su gobierno en la tierra. El término reino puede implicar reino o reinado. El reino de Dios puede referirse a su reino o a su reinado, o en muchos casos ambos aspectos juntos. Hay dos dimensiones a este gobierno o reino de Dios: el reino general sobre el mundo y el especial, el gobierno redentor actuante a través de su Palabra y Espíritu.[2]

El reino de los cielos es el reino de la cruz. El «ahora, pero todavía no» debe enseñarme a vivir en el presente, con fidelidad y

---

2. Timothy Pavitt Palmer, *"John Calvin's View of the Kingdom of God"* [La perspectiva del reino de Dios de Juan Calvino] (Aberdeen University), 90.

esperanza de tener mis ojos y vida puesta en la eternidad con Cristo. Esta es la verdadera mentalidad del reino.

Los valores del reino son muy distintos a los valores del mundo, aunque a veces se han infiltrado en la iglesia (Mat. 5–7). El tener valores no es suficiente si son valores autoimpuestos, y no formados bíblicamente en su motivación y objetivo: la gloria de Dios. Vivir con valores morales no es necesariamente cristianismo. El evangelio transforma el corazón, no solo el comportamiento.

La motivación de la mujer del reino debe ser *la gloria de Dios*, no que le vaya bien, que se case, que sus hijos logren lo que ella quiere. Estos valores tienen el gran problema del *yo*. En el reino del *yo* no puede haber dos reyes. Dios es Rey y establece Su reino en mí, o *yo* soy reina. Pero no pueden haber dos soberanos en una vida, en la vida de la iglesia, en el matrimonio o en la vida de la familia. El «ahora, pero todavía no» debe enseñarme a vivir en el presente, con fidelidad y esperanza de tener mis ojos en la eternidad con Cristo.

Finalmente, el establecimiento del reino de los cielos es responsabilidad de Dios. Él establece Su reino. Nuestra obediencia sirve a ese propósito, pero solo Cristo tiene el poder de establecer Su reino. Él ha decidido hacerlo de forma progresiva. Pero su consumación está garantizada por el Rey, el protagonista de la historia de principio a fin. Tim Keller nos recuerda:

> El reino es la renovación del mundo entero mediante la llegada de poderes sobrenaturales. Cuando las cosas vuelven a someterse al mando y la autoridad de Cristo, se restauran a un estado de salud, hermosura y libertad.[3]

---

3. Citado por Brian Fikkert y Steve Corbett, *Cuando ayudar hace daño* (Nashville, TN: B&H Publishing Group, 2017), 32.

El mensaje escatológico

Todos leemos la Biblia con lentes teñidos. Traemos ideas preconcebidas a nuestra lectura. Lo que hemos aprendido nos afecta. Esto se refleja mucho en cómo vemos las últimas cosas. Sin las guías adecuadas, nuestros lentes no solo estarían manchados, sino completamente sucios. Nuestra interpretación de la Biblia y de la escatología está relacionada con la forma en la cual buscamos el significado de lo que la Biblia dice.

Sobre los libros o pasajes escatológicos, es *vital* entender el propósito para el cual fueron dados: la ocasión fue siempre un tiempo donde el pueblo de Dios necesitaba *esperanza* para perseverar en tiempos difíciles e inciertos.

Estos libros no fueron dados para hacer películas ni para horrorizar a las personas para que sean salvas. El verdadero evangelio es por fe, no por compulsión, ni emocionalismo, ni terror. Eso no da fruto perdurable. No fueron dados para que alguien se hiciera rico escribiendo novelas que los creyentes leyeran y creyeran casi como si fueran la Biblia. Mucho menos nos fueron dados para manipular la Biblia, basados en formas misteriosas y numerológicas para descifrar un código secreto.

La verdad que estos libros revelan es que *Dios ya ha determinado,* desde antes de la creación, los detalles de los últimos tiempos, cómo pasarán y cuándo. El ser humano no tiene ningún aporte en esos tiempos y no se le ha dado a conocer todo al respecto. Por tanto es infructífero intentar descubrirlo y es infructífero escuchar enseñanzas que pretenden revelar lo que Dios no ha revelado. Es lamentable que este tema se ha convertido en un tabú o un ídolo en el estudio personal de creyentes e iglesias, reservado para personas «especiales» o «iluminadas».

Observemos el mensaje de los primeros capítulos del libro de Apocalipsis. La ocasión: la iglesia siendo perseguida y perdiendo la esperanza del retorno de Cristo (1 Ped. 1:21). Los destinatarios eran iglesias reales, en ciudades físicas existentes en el primer siglo; personas reales de carne y hueso que recibirían la visión de Juan. Ellos entendieron que se trataba de un mensaje de esperanza para que estuvieran firmes en Cristo (Apoc. 2:11,29; 3:13), y fueran fieles a su fe aun en medio de la persecución en el primer siglo (Apoc. 11:7; 12:11,17; 15:5).

El mensaje escatológico es *consistente* con el mensaje de Dios a través de los profetas del Antiguo Testamento y la revelación aclarada en el Nuevo Testamento: la grandeza de Dios y Su gloria, la pecaminosidad del hombre y la destrucción del pecado, sus consecuencias y los enemigos de Dios. El mensaje final: *Cristo reina*. Los que hayamos puesto nuestra fe en Él, reinaremos con Él eternamente a Su servicio en adoración. Para Su gloria y para nuestro deleite eterno.

De acuerdo a Gordon-Fee y Payne, menos del 1 % en la Biblia describe la segunda venida de Cristo. El contenido profético de la Biblia tiene tres propósitos principales: denunciar el pecado, anunciar el juicio y prometer restauración (espiritual y física). El cumplimiento físico y espiritual de la mayor parte de las predicciones bíblicas ocurre en eventos históricos, que a la fecha ya acontecieron hace miles de años. Según los mismos estudiosos, 28,5 % del Antiguo y 21,5 % del Nuevo Testamento es predictivo. Menos del 2 % es mesiánico, menos del 5 % describe el Nuevo Pacto y menos de 1 % describe la segunda venida de Cristo.

¿Cuál es la diferencia y el propósito de la poca predicción que hay en la Biblia? Primeramente, apuntar a Dios a través de Cristo, revelando lo que vendría (Juan 13:19; 14:29; 16:4). En segundo lugar, llenar a la audiencia de esperanza. No buscaba llenarles de miedo ni de curiosidad, sino de esperanza y reverencia ante Dios (Jos. 3:10-13; Isa. 41:26; 44:24–45:8; 48:5). Tercero, buscaba traer al pueblo al arrepentimiento cuando se desviara. Ellos sabían guardar solo esperanza del cambio de su situación de este lado del sol (Jer. 22:1-9). La profecía les haría anhelar a Cristo, tanto en Su primera como Su segunda venida (Juan 1:45; 1 Ped. 1:10-11). El propósito del mensaje profético era traer el pueblo al arrepentimiento, persuadir a los oyentes en formas que evitarían el juicio de Dios y, en su lugar, les traería a disfrutar el gozo de la bendición de Dios.

Es importante notar que la profecía bíblica siempre buscaba dar gloria a Dios, nunca asignaba protagonismo al profeta. Dios solo validaba a Su mensajero para que el pueblo atendiera a Su voz (Jer. 28:9). En palabras de Girdlestone: «El objeto de la profecía no es incitar sorpresa, sino estimular al emprendimiento».[4] Satisfacer la curiosidad de las personas acerca de los acontecimientos futuros ¡es llamado pecado de adivinación en la Biblia! Incluso con buenas intenciones, el utilizar la profecías bíblicas como un comentario lado a lado de las noticias del siglo XXI no es un manejo fiel de la interpretación bíblica.

Además, Jesús afirmó que la ley y los profetas de oficio, aquellos que fueron asignados para escribir la Palabra directa de la boca de Dios, fueron hasta Juan el Bautista (Juan 16:16). Con esto no nos referimos al don de profecía descrito en el Nuevo Testamento, sino al oficio profético. El resto de la Biblia fue escrita por los apóstoles y personas inspiradas por Dios, testigos del Cristo resucitado y validado por los testigos de la vida, muerte y resurrección de Cristo.

La muerte

Estoy escribiendo desde la sala de espera para entrar a cuidados intensivos. Hace unos días, mi papá necesitó una cirugía muy seria en su aorta y esta mañana no se veía bien. Mi héroe, el hombre más

---

4. R. B. Girdlestone, *The Grammar of Prophecy: An Attempt to Discover the Method Underlying the Prophetic Scriptures* [La gramática de la profecía: Un intento de descubrir el método detrás de las Escrituras proféticas] (Eugene, OR: Wipf and Stock, 2004), 12.

ecuánime que conozco, estaba sobrecogido por temor y sus labios temblaban al decirme cómo se sentía. Estos días, como en toda crisis, la realidad de mi fe me ha sido revelada. Al enfrentarse ante la posibilidad de la muerte, una vida es examinada ante la eternidad. Por la misericordia de Dios mi papá salió bien. Pero estos últimos años la muerte ha tocado de cerca a casi todas las familias. Aun en las iglesias hemos perdido hermanos, familiares y amigos. La muerte es dolorosa. Por el pecado, la muerte es natural. Nuestro Dios no escatimó de la muerte ni a Su propio Hijo. Todos los que murieron y fueron resucitados volvieron a morir.

La muerte nos recuerda lecciones que la arrogancia de la vida nos hace olvidar, aun a los creyentes:

- Tenemos un Creador eterno, mientras que nuestros días tienen un límite para que lo reverenciemos (Job 15:20; Ecl. 2:3; 5:18; 6:12; Mal. 2:5).
- El propósito de tener nuestros días contados es que reflexionemos y vivamos con sabiduría (Sal. 92:12; Prov. 9:10).
- La muerte será destruida (Isa. 22:8; 1 Cor. 15:26).
- Dios usa aun la muerte para Su propósito (2 Tim. 1:10).
- Solo Dios da y quita la vida (Hech. 17:25; 1 Sam. 2:6-8).
- La muerte física marca el final de la oportunidad de salvación (Heb. 9:27).

¿Cómo debemos responder? Con humildad, sabiendo que nada en este mundo le pertenece a nadie y Dios tiene la máxima autoridad sobre nuestra vida. No debo vivir en temor. Soy responsable de cuidarme, pero debo confiar que el último día de mi vida no lo determina la COVID-19 ni los aviones ni el crimen en las calles. En un mundo cada vez en peores condiciones, necesitamos este Dios soberano sobre el último enemigo, la muerte. Ni la muerte te puede arrebatar de Su mano. En Él estás segura.

El estado intermedio

Con esto *no* nos referimos al purgatorio. Esto se refiere a qué pasa con la parte inmaterial, el espíritu (si crees en la dicotomía) o el espíritu y el alma (si crees en la tricotomía). De entrada, no hay base bíblica para el purgatorio. La Biblia establece que después de la muerte viene el juicio ante Dios (Heb. 9:27).

La glorificación

¿Qué es la glorificación? Es el estado corporal que tendremos en el paso final de la restauración de todas las cosas. Cristo ascendió con un cuerpo glorificado al cielo. Algo que muchos no observamos de la ascensión es que Él no se deshizo de Su cuerpo. Aunque parece diferente, lo vemos con un cuerpo con capacidad de comer, tocar, ser palpable (Mat. 26:29; Mar. 14:25; Luc. 24:30-32, 43; Apoc. 19:9). No era un espíritu flotante. El cuerpo no es malo y la glorificación restaura lo que Dios creó.

¿Cómo vivirás en ese entonces? Si tu cuerpo atraviesa por cáncer o tu mente se ve afectada por Alzheimer, aférrate a la esperanza. Tendrás un cuerpo renovado, libre de enfermedades. Cuando Dios no responde nuestras oraciones por sanidad, y nuestros seres amados parten con Él, aférrate a la esperanza de que los volverás a ver. Cuando pases por el quebrantamiento de un bebé que no vio la luz del nacimiento, aférrate a la esperanza de que un día lo conocerás en el reino eterno. La muerte y la corrupción de este cuerpo serán cosa del pasado y su dolor ya no lo recordaremos.

Los últimos tiempos

Antes de abordar este tema, debemos hablar de las generalidades de los libros conocidos como literatura escatológica en la Biblia. *Apokalupto* proviene del griego y significa «revelar» o «dar a conocer». Es un tipo de escritura profética, sin embargo, es más específica porque está hablando sobre los grandes eventos finales (es decir, «apocalípticos»). Está caracterizada por el uso de imágenes simbólicas. Hay una expectativa de una irrupción o intervención de Dios, con el fin de dar paso a una existencia cualitativamente diferente. Usa mediadores angelicales para comunicar el mensaje de Dios. Implica una entrada a lugares celestiales y humanos elegidos con una constante interacción con el mediador angelical. Hay visiones o sueños altamente simbólicos que describen las realidades espirituales ocultas y futuras intervenciones divinas.

En la descripción que Dios hace al profeta Isaías de los cielos nuevos y la tierra nueva, vemos paralelismos con el lenguaje utilizado por Juan en Apocalipsis, que llenan de esperanza a los redimidos: las cosas primeras ni vendrán a la memoria (Isa. 65:17; Apoc. 21:4); Dios crearía a Jerusalén para regocijo (Isa. 65:18; Apoc. 21:2-3).

Aún más interesante es cómo describe el trabajo, pero sin las dificultades prescritas por la caída del hombre. Es un trabajo sin dolor, sin maldición sobre la tierra, sin espinos y cardos, sin el sudor y la dificultad (Gén. 3:17-19; Isa. 65:21-23). En la nueva creación, Su pueblo construirá casas para habitarlas, plantarán viñas. Todo esto emula el mandato de Dios a Adán y Eva (Gén. 1:26-28; Isa. 65:21-22) y vemos su cumplimiento y consumación. Isaías continúa afirmando que no trabajarán en vano, es decir el trabajo en una forma perfecta, de honra y fructificación continuará en la Nueva Jerusalén, la expansión del Nuevo Edén (Isa. 65:23).

Los tesalonicenses enfrentaban problemas de haraganería, basados en doctrinas erradas acerca de los tiempos finales. Esto llevó a Pablo a corregirlos y exhortarlos a trabajar como parte de la voluntad de Dios en este siglo (porque, aunque tal vez te sorprenda esta afirmación, trabajaremos en el siglo venidero). La eternidad no es una comunidad *hippie*. La eternidad será un lugar como el primer Edén, pero mejorado. Como tal, el trabajo será parte de lo que haremos.

Por eso creo que nuestro tiempo, nuestros dones, nuestros talentos y nuestros oficios de esta tierra serán restaurados junto con todas las cosas. Algunos como los médicos, teólogos y pastores no serán necesarios. Otros oficios y otras artes continuarán trayendo gloria a Dios en la eternidad. ¿Acaso crees que en la vida eterna perderemos la creatividad con la cual Dios nos ha dotado, como parte de ser diseñados a Su imagen? Recuerda que Dios llenó del Espíritu Santo a los artesanos involucrados en la construcción del tabernáculo (Ex. 35:31,35).

Para Dios todo lo que hacemos es relevante. Nos pedirá cuentas no solo de lo que hacemos los domingos. Dios ve como parte del establecimiento de Su reino lo que hacemos de lunes a sábado también. Él no nos mira ni solo nos pide cuentas de lo «espiritual». No hay frente a Dios una división entre nuestro trabajo y nuestra vida. Lo santo y lo profano no se refiere a esto. Cuando leemos esta corrección y advertencia en el libro de Ezequiel, Dios está dirigiéndose a ¡sacerdotes! Personas cuyo trabajo a tiempo completo era en el templo, supuestamente ministrando a Dios (Ezeq. 22:26).

El arrebatamiento

Mucho se ha especulado, y novelas de ficción y películas han informado mucho de lo que se cree acerca de este evento (1 Cor. 4:17; 1 Cor. 15:52). La palabra *rapto* no se encuentra en la Biblia. Este término fue adaptado y popularizado en los últimos dos siglos. Las discusiones acerca del arrebatamiento han tomado demasiada centralidad y relevancia ante todas las demás verdades de este capítulo. Las diferencias dependen de si vemos este evento como uno solo, simultáneo a la venida de Cristo, o con un tiempo previo y distinto a Su segunda venida. En lo que todos estamos de acuerdo es que independientemente de cuándo ocurra, todos los creyentes que hayan muerto serán resucitados y serán reunidos a Cristo como un solo cuerpo.

Pero ¿qué me dice esto acerca de Dios? Que Dios es fiel a Sus promesas, que Dios es poderoso para resucitar y glorificar a los suyos al completar la restauración de todas las cosas, cuando la espera de Su creación habrá terminado (Rom. 8:22). Cristo regresará en gloria. No sufriremos más dolor, enfermedad, vergüenza, ni temor. La espera habrá terminado (Rom. 8:23). Desde ese momento inicia la consumación del reino. La resurrección de todos los creyentes es el grito comunitario de victoria, de los creyentes de todas las eras, declarando: «¡Jesús es mi Señor, Cristo reina y reinará!». El enfoque teológico debe radicar en la celebración unificada de los creyentes que han esperado ser reunidos por toda la eternidad, la Iglesia de Cristo. Por tanto, esto debería traer unidad y no división al cuerpo de Cristo.

El juicio final

En este sentido, todo lo que cada ser humano haya hecho o dejado de hacer será juzgado delante de Dios. Tendremos que presentarnos ante juicio con una gran nube de testigos. El juez y el abogado defensor estarán presentes. El juicio de Dios testifica la justicia de Dios. Los ángeles también serán juzgados por nosotros (1 Cor. 6:3-4). Todo lo que hayamos hecho son sombras. Cuando la luz aparezca, las sombras se irán y solo lo que fue real, puro, hecho con corazones sinceros permanecerá. Lo demás será destruido por el fuego. Ante Dios y la nube de testigos toda motivación, acción, pensamiento, palabras (Mat. 12:36), intención (Prov. 16:2, Jer. 17:10) será puesto en evidencia para nuestra vergüenza o para honra de Cristo (Rom. 2:6; Apoc. 20:11-12). Pero el destino eterno es determinado de una vez y para siempre a partir de nuestra muerte, ya no habrá vuelta atrás, de ahí solo queda el juicio (Heb. 9:27). Cada uno recibirá conforme a sus obras, y aquellos fieles a Dios recibirán recompensa. Los enemigos de Dios, sean angelicales o humanos, recibirán juicio y castigo eterno (Mat. 10:15; Rom. 2:5; 2 Ped. 2:4,9; Jud. 1:6).

El milenio

Uno de los temas más contenciosos en el ámbito cristiano es el tema del milenio. Lo triste es que la iglesia y los creyentes hemos reducido gran parte de la teología de las últimas cosas y la segunda venida de Cristo a esta porción corta de Apocalipsis 20:1-10. Aun más desafortunado es que nos hemos dividido, e incluso vemos despectivamente a otros creyentes con posiciones distintas.

Existen diferencias entre posiciones mileniales que vienen influenciadas por distintas escuelas de interpretación. No tenemos espacio para ahondar en todo. En Latinoamérica muchos asumen posiciones dogmáticas al respecto sin estudiar el tema de la Biblia, sino de novelas, como la famosa serie *Dejados atrás,* la cual es una novela y no un libro de teología.

Los amileniales, premileniales y posmileniales interpretan los eventos de la iglesia partiendo de su relación cronológica a las características de ese tiempo definido como el milenio. La mayoría de estas posiciones toman los eventos como no cronológicos, sino cíclicos o paralelos. Basados que en el griego *koine* no había un número más grande que mil, muchos suponen que el milenio es representativo y no literal.

1. Amilenialismo

Esta posición entiende que las profecías del Antiguo Testamento se cumplen primordialmente en la iglesia, y que vivimos en la era de la tensión. El crecimiento progresivo del bien y el mal verá una apostasía con tribulación y un anticristo personal seguidos por la segunda venida de Cristo como un solo evento. Apocalipsis es visto como 7 ciclos que muestran la era de la iglesia, y se usa una interpretación simbólica para entender que los primeros versículos de Apocalipsis 20 corresponden con la primera venida de Cristo, quien inauguró un milenio simbólico, y los versículos siguientes como una escena del cielo. No se enfatiza ni protagoniza la nación étnica de Israel, ni se esperan señales del fin de manera especial mas allá de lo que pasa y acontece en el mundo como consecuencia natural del pecado creciente de la humanidad.

2. Premilenialismo

Tiene dos vertientes: premilenialismo clásico o histórico, y el dispensacional. En América Latina la mayoría de los creyentes solo han sido enseñado en esta última vertiente (dispensacionalismo), que no es la que la iglesia ha sostenido por la mayor parte de su historia. El premilenialismo histórico no ve una distinción entre Israel y la iglesia, aunque sí se espera que una gracia o arrepentimiento especial vendrá sobre la nación de Israel. Se espera un anticristo físico, una gran tribulación distintiva y el evangelio predicado a todas las naciones. No se enfoca con mano cerrada en cuanto a los tiempos de los eventos. Habrá un período de tiempo de mil años (o un largo período de tiempo) de paz y reinado de Cristo en la tierra, después del cual será el juicio final. Concluyen con un cielo y tierra nueva.

El premilenialismo dispensacional ve la historia de la redención como siete eras o dispensaciones donde cada una termina con un juicio. Se interpreta el reino como algo que Cristo no estableció sino que dejó a Su iglesia para concluir exitosamente esta labor en una última dispensación. Interpreta eventos de manera literal tales como: la batalla de Armagedón, un tiempo en el cual Satanás establece anarquía y caos conocido como Gog y Magog. Diferencian el día de Dios con el día del Señor, que son equivalentes al establecimiento del nuevo cielo y nueva tierra. Esperan el rapto como evento central a la segunda venida antes de la tribulación y antes del establecimiento del milenio. Se enfatiza y trata a Israel como el pueblo especial de Dios, y se trata todo lo relacionado a esta nación étnica como prioritario incluso en su forma de hacer iglesia, a pesar de que la Biblia establece claramente los verdaderos descendientes de Abraham no son los de carne sino los nacidos por el Espíritu (Juan 8:31-47; Gál. 3:7).

3. Posmilenialismo

La obra de Cristo en la cruz está progresivamente creando el cielo nuevo y la tierra nueva, hasta la restauración de todas las cosas a través de la Iglesia. Por tanto, esta posición enseña una mejoría en las condiciones físicas del mundo y una cristianización progresiva de toda la tierra, como un milenio paulatino. Igualmente espera un tiempo de apostasía, el retorno de Cristo y el juicio final, estableciendo completamente los nuevos cielos y tierra nueva después de la segunda venida. Cristo vendría a un mundo preparado para Su venida.

Ningunas de estas posiciones es perfecta. Lo que necesitamos es ver que la esperanza del creyente es establecida por Cristo, es obra de Cristo y el centro es Cristo, Su glorificación y gobierno eterno.

Interpretación de este tipo de literatura bíblica

¿Cómo podemos interpretar la literatura escatológica? Aquí te doy algunos consejos.

1. La meta es ver el panorama, la imagen o la idea general de lo que pasará. Debido al lenguaje simbólico y figurativo, hay cosas que no entenderemos hasta que pasen. No es necesario entender los detalles, sino cómo las partes se juntan para tener una imagen general de lo que ocurrirá.

2. No podemos tomar las imágenes simbólicas literalmente, de manera individual. Sin embargo, esto no le resta la

importancia, ni el significado, ni la autoridad de la realidad. Los símbolos apuntan a la realidad, pero en una forma figurativa.

3. Debemos leerlo desde la perspectiva de la audiencia original.

4. Debemos interpretar las imágenes simbólicas de acuerdo a la intención del autor.

5. Los pasajes apocalípticos del Antiguo Testamento proporcionan los antecedentes que ayudan más a la comprensión del libro de Apocalipsis (Isa. 24–27; Ezeq. 38–39; Zac. 1–6; Dan. 7–12). De los 405 versículos en Apocalipsis, 278 contienen alusiones al Antiguo Testamento.

La eternidad: Un Nuevo Edén

Al final de los tiempos, la iglesia invisible será visible. El trigo y la cizaña de las congregaciones locales en el reino eterno serán separados. Solo los verdaderos creyentes, los que perseveraron hasta el fin de sus días, adorarán al Cordero y trabajarán para Su gloria. Eso haremos en el Nuevo Edén. Creo que tendremos trabajos en el reino eterno, en el nuevo cielo y la nueva tierra. Tómate un tiempo para leer Apocalipsis 21:1-8,22-27. ¡Qué descripción más hermosa! El pasaje hace referencia a una nueva creación, a una reversión de lo que la traición y rebelión de Edén causaron, la restauración progresiva de todas las cosas y la consumación del reinado de Cristo. Notemos que es la obra de Dios. Primero habló una voz del cielo, pero luego se escucha a la voz de Dios afirmar Su obra.

Dios habló en el primer y en el segundo Edén. Creó con el poder de Su Palabra todo lo que existe (Gén. 1:3-28; Apoc. 21:5). En el primer Edén el Hijo estuvo presente (Col. 1:16-17), y en el segundo Edén estará completamente revelado y será conocido por todos (comp. Juan 1:10). Será un mejor Edén, donde lo inmundo es completamente expulsado (Gén. 3:24; Apoc. 21:26). Será una nueva creación donde habrá luz, pero las fuentes creadas no serán necesarias ni habrá tinieblas: el Señor será su luz (Gén. 3:3-5; Apoc 21:25). Será una nueva creación en donde multitud de los redimidos de todas las naciones habrá llenado la tierra y habitará con Dios en gloria sin avergonzarse ni esconderse (Gén. 1:28; 3:8; Apoc. 21:22,26). Será una nueva ciudad no construida por manos de hombres, cuyo arquitecto y constructor es Dios (Juan 14:2-3; 2 Cor. 5:1-2; Heb. 11:11).

Los paralelismos entre el Edén y la nueva creación nos muestran el cierre de la historia y la consumación de la gloriosa victoria del Dios viviente. Por una vez y para siempre, la humanidad estará en la diversidad de naciones, tribus y lenguas no dividida sino como un pueblo de multitudes: la familia de Dios (Rom. 8:15). La humanidad habitará en el lugar eterno de Dios (Apoc. 21:3), ya no en un jardín, ni en un tabernáculo temporal (Ex. 40), ni en un templo hecho por manos humanas (Hech. 7:48; 17:24), sino con aquellos que Él habita como Su templo (1 Cor. 6:19; Apoc. 21:22).

A la luz de estas verdades, ¿dónde está tu esperanza? ¿Cambiarás los placeres temporales por el deleite eterno? ¿Caminarás en la santificación para que al final nuestro Dios reciba la gloria que por derecho le pertenece? ¿Adorarás Su nombre con tu vida y tu testimonio? ¿Confiarás en que la breve tribulación que atravieses producirá un más excelente eterno peso de gloria? (2 Cor. 4:17). ¿Esperarás con esperanza la consumación de Su reino? (Rom. 4:18; Tito 2:13). ¿Serás fiel hasta el fin? (Mat. 24:13; Apoc. 2:10). ¿Confiarás en Aquel que promete completar la buena obra que empezó? (Fil. 1:6). ¿Dejarás que Él enjugue toda lágrima derramada y cada sufrimiento que sufriste mientras esperabas en Él? (Sal. 56:8; Apoc. 7:17; 21:4) ¿Esperarás el fin de tu lucha con el pecado y la victoria de Dios sobre tu corazón? ¿Crees que continuarás por la eternidad cumpliendo el propósito de traer gloria a Su nombre en un Nuevo Edén?

El conocimiento de Dios que todas necesitamos no se trata de doctrina de hombres. Se trata del conocimiento de Aquel a quien amaremos por la eternidad.

Palabra fiel y digna de ser aceptada por todos: Cristo Jesús vino al mundo para salvar a los pecadores, entre los cuales yo soy el primero. Sin embargo, por esto hallé misericordia, para que en mí, como el primero, Jesucristo demostrara toda Su paciencia como un ejemplo para los que habrían de creer en Él para vida eterna. Por tanto, al Rey eterno, inmortal, invisible, único Dios, *a Él sea* honor y gloria por los siglos de los siglos. Amén (1 Tim. 1:15-17).

Al que está sentado en el trono, y al Cordero, *sea* la alabanza, la honra, la gloria y el dominio por los siglos de los siglos (Apoc. 5:13).

Conclusión

La fidelidad, grandeza, gloria y poder de Dios se evidencian con gran esplendor en los eventos finales. No sabemos en qué consisten los detalles de la recompensa eterna, ni el orden en el cual acontecerán. No creo que nuestra recompensa será valorada como este lado de la eternidad: no consistirá en posición, reconocimiento o riquezas. Nuestra perspectiva de lo que es valioso cambiará en el día final. Nuestros ojos lo verán claramente (1 Cor. 13:12). Cristo es nuestro mayor regalo, y al habitar con Él en perfecta comunión, ¿qué más podremos atesorar? Tengamos cuidado de que nuestra meta sea mirar el cielo como una tierra mejorada. Lo que atesoramos y anhelamos para la eternidad no puede ser lo mismo de donde la polilla y orín corrompen (Mat. 6:19-21; Luc. 12:32-34).

¿Qué más grande gozo podemos anhelar que vivir eternamente con Dios, en paz perfecta y eterna con nuestro Creador, deleitándonos en Él y en Su nueva creación sin la amenaza y corrupción del pecado y sus consecuencias? ¿Es Dios el tesoro que más anhelas? ¿Es la persona de Dios más que suficiente, Su presencia lo más deseable,

Su gloria lo más hermoso que anhelas por la eternidad? Si das una mirada sincera a tu corazón y sientes que no es así, ¡el Espíritu Santo te llama a arrepentimiento y te acompañará para que tu deleite por Cristo, tu pasión por Su gloria, tu misión de alcanzar a otros y el ser santificado a la imagen de Dios no sea solo un deseo sino una realidad! Separada de Él nada puedes hacer. Cada enseñanza, oración, anhelo y acción apunta a Cristo. Mi oración, amada hermana, es que este conocimiento de Dios cada día sea más profundo y que Él te arraigue y cimiente en Su amor.

Y pido que, arraigados y cimentados en amor, puedan comprender, junto con todos los santos, cuán ancho y largo, alto y profundo es el amor de Cristo; en fin, que conozcan ese amor que sobrepasa nuestro conocimiento, para que sean llenos de la plenitud de Dios. Al que puede hacer muchísimo más que todo lo que podamos imaginarnos o pedir, por el poder que obra eficazmente en nosotros, ¡a él sea la gloria en la iglesia y en Cristo Jesús por todas las generaciones, por los siglos de los siglos! Amén (Ef. 3:17-21).